Peter J. Williams
glaubwürdig

Peter John Williams
glaubwürdig

1. Auflage
ISBN 978-3-9817729-3-7 (cvmd)
ISBN 978-3-86353-715-9 (CV)

Originaltitel: *Can We Trust the Gospels?*

Original erschienen bei: Crossway, a publishing ministry of
Good News Publishers, Wheaton, Illinois 60187, USA
This edition published by arrangement with Crossway

Übersetzung: Jotham Booker und Christian Rendel
Gesamtgestaltung: Velimir Milenković, München
Gesetzt aus der Sabon und Applied Sans
Druck: ARKA, Cieszyn (Polen)
Printed in the EU 2020

Peter J. Williams

glaubwürdig

Können wir den Evangelien vertrauen?

cvmd

Stimmen zum Buch

»Richard Dawkins' abstruse und unwissenschaftliche, jedoch weithin akzeptierte Behauptung, dass der einzige Unterschied zwischen *Das Sakrileg* und den Evangelien der ist, dass die Evangelien altertümliche Fiktion sind, während *Das Sakrileg* moderne Fiktion ist, verdient eine angemessene und wissenschaftliche Erwiderung. Niemand ist dafür geeigneter als Peter Williams. Dieses Buch ist eine meisterhafte und überzeugende Argumentation dafür, dass sich die gesamte Geschichte um Jesus dreht.«

– John C. Lennox, Emeritus Professor of Mathematics, University of Oxford

»Dieses dringend notwendige Buch bietet einen reichen Vorrat an Informationen für Christen, die mehr über den geschichtlichen Hintergrund der Evangelien wissen möchten, und stellt den Skeptiker vor einige Herausforderungen. Peter Williams hat eine riesige Menge an Informationen und Gedanken in dieses kurze und zugängliche Buch gesteckt; es sollte von Christen und Nichtchristen zugleich sorgfältig gelesen werden.«

– Simon Gathercole, Dozent für Neues Testament, University of Cambridge

»Trotz der Lehre von der biblischen Irrtumslosigkeit fällt es Christen immer schwerer, ihren Glauben zu bezeugen – sei es aus Verwirrung oder aus Angst. Mit diesem kompakten, aber erschöpfenden Werkzeug kann Peter Williams ihnen Abhilfe leisten. Seine überzeugenden Argumente für die Zuverlässigkeit der Evangelien führen den wissbegierigen Leser zu ausgewogenen historischen Antworten auf alle wichtigen Fragen. Dieses äußerst detaillierte, akkurate und überaus lesbare Buch – reich an Grafiken und Tabellen – schlägt den richtigen Ton an; Christen und Skeptiker können hiervon profitieren. Eine aktuelle und wegweisende Apologia – Skeptiker sollten sich in Acht nehmen!«

–Clare K. Rothschild, Professorin für Biblische Studien, Lewis-University Romeoville, Illinois

»Mit seiner Expertise und seinen Fähigkeiten – und dennoch auf ganz einfache Art und Weise – führt Williams, einer der weltweit führenden Forscher im Bereich des neutestamentlichen Textkorpus, den Leser an verschiedenen Beweislinien entlang, die die historische Zuverlässigkeit der Evangelien stützen. Dieses Buch zeigt auf, warum es rational ist, den Evangelien zu vertrauen.«

–Edward Adams, Professor für Neues Testament, King's College London

»Dieses gründliche, aber leicht verständlich und sehr lebendig geschriebene Buch widmet sich der Untersuchung der sprachlichen, sozialen und geografischen Wirklichkeiten, mit denen die Schreiber der Evangelien vertraut gewesen sein müssen. Peter Williams liefert vielfältige Anregungen, den allgemein verbreiteten Skeptizismus gegenüber diesen uralten Berichten zu revidieren und ihnen erneut Vertrauen zu schenken.«

–K. Martin Heide, apl. Professor für Semitische Sprachen, Philipps-Universität Marburg

Inhalt

Für meine Schwiegereltern
David und Joan Eeley

Vorwort

Ich sehe schon seit Längerem die Notwendigkeit, ein kleines Buch herauszugeben, das einer breiten Leserschaft einige der unzähligen Indizien für die Glaubwürdigkeit der vier Evangelien näherbringt. Einige ausführliche Abhandlungen zu diesem Thema gibt es bereits, und jede davon hat ihren eigenen Fokus.[1] Diese hier soll ein Plädoyer für die Zuverlässigkeit der Evangelien für diejenigen sein, die über dieses Thema zum ersten Mal nachdenken. Ich hätte auch ein viel längeres Buch schreiben können, wenn ich noch mehr Beispiele und Referenzen angeführt hätte oder auf mancherlei Einwände eingegangen wäre, doch um der Kürze willen habe ich alles weggelassen, was nicht zwingend notwendig war. Es ging mir darum, interessierten Lesern genügend Informationen zu geben, damit sie die Indizien überprüfen können. Ich habe es jedoch allgemein vermieden, auf die buchstäblich Millionen von Seiten wissenschaftlicher Abhandlungen zum Neuen Testament zu verweisen, von denen ich selbst nur einen Bruchteil gelesen habe.

Ich habe vielen Personen für allerlei Hilfe zu danken – für Ratschläge, Kritik, Ermutigung, finanzielle Unterstützung, Korrekturen, Recherchehilfe und fachliche Expertise. Professor Richard Bauckham, James Bejon, Rich und Carrie Berg, Phillip und Kathleen Evans, Dr. Simon Gathercole, Julian Hardyman, Jack Haughton, Dr. John Hayward, Dr. Martin Heide, Peter Hunt, Dr. David Instone-Brewer, Dr. Dirk Jongkind, Mark und Becky Lanier, Kevin Matthews, Peter Montoro, Phil und Judy Nussbaum, Philip und Helen Page, Lily Rivers, Laura Robinson, Professor Rodney Sampson, Anna Stevens, Julie Woodson und Dr. Lorne

Zelyck haben mir alle in irgendeiner Weise beim Schreiben dieses Buchs geholfen – genauso wie die Mitarbeiter und das Kuratorium des Tyndale House. Ich bin auch meinen Familienangehörigen Diana, Kathryn, Magdalena und Leo Williams dankbar für ihre Unterstützung und Kritik. Es war ein Vergnügen, dieses Buch am Tyndale House in Cambridge zu schreiben, dessen Bibliothek manche als den weltweit besten Ort für biblische Studien ansehen. Äußerst dankbar bin ich zudem meinen Freunden von Crossway für ihre herausragende Verlagsarbeit.

Einleitung

Wenn man heutzutage von *Glaube* spricht, meint man damit oft einen nicht rationalen Glauben – etwas, das nicht durch Indizien belegbar ist. Doch ursprünglich haben Christen darunter etwas anderes verstanden. Sie meinten eher so etwas wie *Vertrauen.* Und Vertrauen kann sehr wohl auf Indizien beruhen.

Der Untertitel dieses Buchs, *Können wir den Evangelien vertrauen?*, ist also ganz bewusst gewählt. Das Buch beschäftigt sich mit dieser Frage, indem es die Indizien für die Vertrauenswürdigkeit der Evangelien untersucht. Das Gute am Konzept des Vertrauens ist, dass wir es alle zu einem gewissen Grad verstehen, weil wir es alle praktizieren.

Die meisten von uns überlassen regelmäßig anderen Menschen ihre persönliche Sicherheit. Wir vertrauen Köchen und Supermärkten, Bauingenieuren und Automobilherstellern buchstäblich unser Leben an. Wir sind zudem von Freunden, sozialen Medien und Finanzdienstleistern abhängig. Natürlich ist unser Vertrauen nicht absolut und naiv: Wenn wir in einem Restaurant eklatante Verstöße gegen Hygienevorschriften beobachten, kehren wir dort wohl nicht mehr ein. Aber dennoch üben wir täglich Vertrauen aus. Wir haben auch (zumindest bedingtes) Vertrauen zu Nachrichtenquellen – sowohl in Bezug auf Informationen, die unser Leben betreffen, als auch auf solche, die das nicht tun. Diese Art von alltäglichem Vertrauen ist gemeint, wenn wir in diesem Buch die Frage stellen, ob wir den Evangelien – den vier Berichten über Jesu Leben, zu finden am Anfang des Neuen Testaments, des zweiten Teils der Bibel – vertrauen können.

Mit dem Vertrauen gegenüber den Evangelien ist es ganz ähnlich wie mit dem Vertrauen gegenüber anderen Dingen, aber gleichzeitig auch ganz anders. Ähnlich ist es insofern, als wir auch im täglichen Leben die Glaubwürdigkeit von Menschen und Dingen bewerten müssen. Der Unterschied liegt darin, dass die Evangelien Berichte von Wundern enthalten – und von einem Mann, Jesus Christus, der als der übernatürliche Sohn Gottes dargestellt wird, der rechtmäßig Anspruch auf unser Leben als sein Eigentum hat.[2] Doch bevor wir über derlei Ansprüche nachdenken, müssen wir die Frage stellen, ob die Evangelien überhaupt die Merkmale der Vertrauenswürdigkeit aufweisen, die wir normalerweise bei Dingen suchen, an die wir glauben.

Wenn wir jetzt beginnen, die Evangelien zu untersuchen, würde ich Ihnen natürlich empfehlen, sie vorher zu lesen. Selbst wenn Sie laut lesen, dürfte das in weniger als neun Stunden zu schaffen sein. Wenn Sie die Evangelien von Matthäus, Markus, Lukas und Johannes online oder in einer Print-Bibel finden und lesen, wird Ihnen das vermutlich reichen, um dieses Buch zu verstehen.

1

Was sagen nichtchristliche Quellen?

Es dürfte kaum überraschen, dass von Christen geschriebene Texte unsere Hauptinformationsquelle über den Ursprung des Christentums sind. Die meisten Bücher über Bogenschießen, Angeln oder Kochen sind von Leuten geschrieben, die diese Tätigkeiten mit Begeisterung ausüben. Christen waren vom Christentum begeistert und haben verständlicherweise mehr darüber geschrieben als andere. Die vier Evangelien wurden natürlich von Befürwortern des Glaubens an Jesus als den versprochenen Erlöser geschrieben. So gesehen könnte man sagen, sie sind voreingenommen – es sind ja keine unparteiischen Aufzeichnungen, sondern solche, die den Glauben an Jesus Christus fördern wollen.

Allerdings ist das kein Grund, ihnen zu misstrauen. Ein Mann, der zu Unrecht eines Verbrechens beschuldigt wird, hat großes Interesse daran, seine Unschuld zu beweisen, aber wegen dieser Voreingenommenheit kann man die Indizien, die er vorbringt, nicht einfach verwerfen. Die Frage ist also nicht, ob die Evangelisten eine Agenda hatten, sondern ob sie die Dinge richtig wiedergegeben haben.

Manche Quellen können allerdings nicht der Voreingenommenheit zugunsten des Christentums bezichtigt werden. Dazu zählen nichtchristliche Schreiber, die in einem Zeitraum von neunzig Jahren nach dem Entstehen des Christentums Aufzeichnungen verfasst und uns hinterlassen haben. Wir werden uns zunächst mit drei Autoren befassen: Cornelius Tacitus, Plinius dem Jüngeren und Flavius Josephus. Jeder von ihnen schrieb aus einem anderen Anlass, aber keiner von ihnen wollte für das Christentum werben. Tacitus und Plinius waren dem Christentum sogar feindlich gesinnt.

Cornelius Tacitus

Tacitus wurde um das Jahr 56 n. Chr. geboren. Er hatte eine Reihe angesehener Ämter inne, unter anderem das eines Senators und das eines Konsuls. Bekannt ist er heute vor allem wegen seiner Schriften, zu denen die in der Tabelle 1.1[3] aufgeführten gehören:

Tabelle 1.1 Schriften des Tacitus

Titel (abgek.)	**Inhalt**	**Umfang**	**Datum** (ca.)
Agricola	Über Tacitus' Schwiegervater, Julius Agricola, Statthalter Britanniens, einschließlich einer Beschreibung Britanniens und seiner Bewohner	1 Buch	98 n. Chr.
Germania	Eine Beschreibung der Beziehung zwischen Rom und den germanischen Stämmen	1 Buch	98 n. Chr.
Historien	Römische Geschichtsschreibung über die Jahre 69–96 n. Chr.	14 Bücher	109 n. Chr.
Annalen	Römische Geschichtsschreibung über die Jahre 14–68 n. Chr.	16 Bücher	115–117 n. Chr.

Tacitus war sicherlich voreingenommen. Er gab Geschichte wieder, um seine Leser moralisch zu belehren, indem er Leute lobte, die er für gut befand, und oft ein ganzes Arsenal an rhetorischen Mitteln gegen diejenigen auffuhr, die ihm missfielen. Als Berichterstatter über Fakten jedoch war er unübertroffen. Er konnte abgelegene Orte, an denen er nie gewesen war, genau und korrekt beschreiben und war beispielsweise auch der Erste, der Literatur über die Lochs in Schottland herausbrachte. Augenscheinlich hatte er Zugang zu Quellen, mit denen er detailliert über Ereignisse aus über vier Jahrzehnten vor seiner Geburt berichten konnte.[4] Es besteht daher kein Grund, die allgemeinen Fakten seines Berichts über die frühen Christen, wie sie in den *Annalen* aufgezeichnet sind, anzuzweifeln. So heißt es auch im *Oxford Companion to Classical Literature:* »Vor allem die *Annalen* zeigen, dass Tacitus einer der größten Geschichtsschreiber war. Er hatte tiefe Einblicke in Charaktere und ein nüchternes Verständnis der Themen jener Zeit.«[5]

Tacitus schrieb auch über den großen Brand in Rom vom Juli 64 n. Chr. Er berichtete, nach allgemeiner Meinung habe der wahnsinnige Kaiser Nero den Brand gelegt und dennoch die derzeit in Rom zahlreichen Christen der Brandstiftung beschuldigt. Im Zuge seiner Karriere in Rom dürfte Tacitus mit vielen älteren Zeitzeugen über diese Ereignisse gesprochen und die offiziellen Aufzeichnungen Roms eingesehen haben. Wir haben also allen Grund, die Fakten, die er nennt, als zuverlässig anzusehen.

Tacitus erzählt die Geschichte wie folgt, wobei er die damals gängige alte Schreibweise *Chresten* statt *Christen* verwendet:[6]

> *Doch nicht menschliche Vorkehrungen, des Fürsten Freigebigkeit, noch Sühnen der Götter vermochten die Schmach zu entfernen, dass man glaubte, der Brand sei auf Befehl [von Nero] gelegt worden. Um also dieses Gerücht*

niederzuschlagen, schob er die Schuld auf andere und belegte mit den ausgesuchtesten Strafen jene Menschen, die das Volk Chresten *nannte und wegen ihrer Schandtaten hasste. Ihr Namensgeber, Christus, war unter der Regierung des Tiberius durch den Prokurator Pontius Pilatus hingerichtet worden. Für den Augenblick unterdrückt, brach jene heillose Schwärmerei aufs Neue aus, nicht allein in Judäa, von wo das Unheil ausgegangen war, sondern auch in der Hauptstadt [Rom], in die von überall her alle Gräuel und Schändlichkeiten zusammenströmen und Anklang finden. Daher wurden zuerst diejenigen gefasst, die Geständnisse ablegten, sodann auf ihre Angabe hin eine gewaltige Menge Menschen, die weniger wegen der ihnen zur Last gelegten Brandstiftung als wegen ihres allgemeinen Menschenhasses als überführt galten. Mit den zum Tode Bestimmten trieb man noch Hohn: in Felle wilder Tiere eingenäht, von Hunden zerfleischt oder ans Kreuz geschlagen mussten sie sterben, oder sie wurden angezündet, um bei Eintreten der Dunkelheit zur nächtlichen Beleuchtung zu brennen.*[7]

An dieser Stelle stellt sich natürlich die Frage, wie wir wissen können, dass Tacitus das tatsächlich geschrieben hat. Ist es nicht denkbar, dass das Werk dieses heidnischen Schriftstellers von späteren christlichen Autoren verfälscht wurde? Das wurde sogar von einigen Gelehrten behauptet, bleibt jedoch aus mehreren Gründen, von denen ich hier nur zwei anführen will, eine kaum vertretene Ansicht.

Erstens sollten wir nicht vergessen, dass die *ganze* griechische und lateinische Literatur, die uns aus der Antike überliefert ist, von *christlichen* Schreibern weitergegeben wurde. Sie behielten die Verweise auf griechische und römische Götter bei und gaben religiöse Vorstellungen, die sich von ihren eigenen, christlichen Ansichten unterschieden, gewissenhaft wieder. Im letzten Jahrhundert wurden im trockenen Sand Ägyptens wesentlich ältere Handschriften – aus vorchristlicher Zeit – gefunden, die belegen, dass die Schreiber die Texte im Allgemeinen getreu kopierten. Die Beweislast liegt also bei denen, die behaupten, Texte seien nach der Antike geändert worden.

Zweitens hatte Tacitus im Lateinischen einen einzigartigen Stil, der der sogenannten Silbernen Latinität zuzuordnen war.[8] Mit jedem Jahrhundert veränderte sich das Lateinische, wie alle anderen Sprachen auch. Mittelalterliche Schreiber wurden in mittelalterlichem Latein ausgebildet und waren sich all der Unterschiede zwischen ihrem und Tacitus' Latein nicht mehr bewusst. Es wäre ihnen kaum möglich gewesen, Tacitus' Latein-Stil über längere Strecken zu imitieren. Altertumswissenschaftler sehen daher Tacitus' Bericht heute als zuverlässig an, zumindest was die Hauptereignisse angeht.

Die Erzählung enthält wichtige Informationen. Wir erfahren offensichtlich, dass Tacitus keine Christen mochte (er nennt die Religion ein *Unheil*), und dennoch hält er einige wichtige Tatsachen fest. Er benennt den Namen *Christus* als Ursprung des Namens der Gruppe, die von anderen *Chrestiani* genannt wurde – und er ersetzt, wie im Vulgärlatein üblich, das *i* durch ein *e*.[9] Interessant ist auch Tacitus' Aussage, nicht die Nachfolger Jesu selbst, sondern das Volk habe diese Gruppe *Chresten* genannt. Das passt zu den drei Stellen, an denen das Wort *Christ* im Neuen Testament steht (Apostelgeschichte 11,26; 26,28; 1. Petrus 4,16). Der Begriff wurde zuerst von Nichtchristen angewendet und später von Christen übernommen.

Das lateinische *Christus* ist ganz einfach eine Transliteration des griechischen Wortes *Christos,* was so viel wie »gesalbt« bedeutet und dem hebräischen Wort *Messias* entspricht. Da der

Messias der versprochene Erlöser war, den viele Juden erwarteten, zeigt die Bezeichnung *Christ* eindeutig, dass diese Gruppe glaubte, der versprochene jüdische Erlöser sei bereits gekommen. Wie wir noch sehen werden, entstand das Christentum in der Wiege des Judentums, und je weiter wir in der Zeit zurückgehen, desto jüdischer werden die Dokumente über das Christentum. Wir können also die Glaubensüberzeugungen dieser Gruppe in gewissen Teilen erraten, ohne deren Schriften zu betrachten.

Auch gewisse andere Dinge können wir erkennen. Tacitus erwähnt, Christus sei während der Kaiserzeit des Tiberius hingerichtet worden, also zwischen 14 und 37 n. Chr. Des Weiteren berichtet Tacitus, dies sei geschehen, während Pontius Pilatus Judäa verwaltete, somit zwischen 26 und 36 n. Chr. Damit verschafft uns Tacitus eine zeitliche Eingrenzung der grundlegenden Ereignisse des Christentums.

Tacitus gibt uns nicht nur diesen chronologischen Rahmen, sondern hilft uns auch mit geografischen Informationen. Er sagt, das nach Christus benannte *Unheil* habe in Judäa begonnen, wie auch alle christlichen Quellen behaupten. Aus christlichen Texten wissen wir, dass Jesus Christus bei Jerusalem, dem geistlichen Zentrum Judäas, hingerichtet wurde. Tacitus schreibt, zur Zeit des großen Brandes in Rom im Jahr 64 n. Chr. habe es viele Christen in Rom gegeben. Er verwendet dafür die lateinische Phrase *multitudo ingens* – eine »gewaltige Menge«. Das Christentum hatte sich ganz unzweifelhaft weit ausgebreitet; die Entfernung zwischen Jerusalem und Rom beträgt 2300 Kilometer Luftlinie. Das ist mehr als die Entfernung zwischen Edinburgh und dem Norden Marokkos oder zwischen New York City und Havanna.

Tacitus schildert auch, dass Nero die Christen grausam behandelte und viele von ihnen wegen der Ausübung ihrer Religion zum Tode verurteilt wurden. Wir können aus Tacitus' Bericht also schließen, dass das Christentum sich schnell und weit verbreitete und dass es sehr schwierig sein konnte, ein Christ zu sein. Die Zeitspanne zwischen den Anfängen des Christentums und dem großen Brand in Rom betrug auf jeden Fall weniger als vierzig Jahre.

Die schnelle Ausbreitung des Christentums könnte für die Frage nach der Zuverlässigkeit der Evangelien relevant sein. Je weiter sich das Christentum ausbreitete, desto schwieriger wurde es natürlich, dessen Botschaft und Glaubensinhalte zu verändern – vor allem, wenn die Christen einen hohen Preis für ihren Glauben zu bezahlen hatten. Wer behauptet, grundlegende christliche Glaubensinhalte wie die Auferstehung Jesu seien Erfindungen gewesen, die mit der Verbreitung des Christentums durch Mundpropaganda aufkamen, muss erklären, wann das geschehen sein könnte. Die Vorstellung, die grundlegenden Glaubensinhalte seien erst Jahrzehnte nach den Anfängen des Christentums aufgekommen, kann nicht erklären, warum das Christentum überhaupt Anklang fand oder warum Menschen, die einer Version des Christentums ohne diese Glaubensinhalte anhingen, diese dann erst später übernahmen. Christen lehrten in späterer Zeit übereinstimmend, dass Jesus Christus Gottes Sohn sei, dass die Prophetien in den jüdischen Schriften von ihm handelten, dass er für die Sünden der Welt gekreuzigt und von Gott von den Toten auferweckt worden sei. All dies wird am besten dadurch erklärt, dass diese und andere zentrale Glaubensinhalte bereits feststanden, *bevor* sich das Christentum auszubreiten begann.

Plinius der Jüngere

Wir kommen nun zu unserem zweiten römischen Zeugen, Plinius dem Jüngeren (61/62–111 n. Chr.). Gegen Ende einer großartigen Karriere, während der er viele öffentliche Ämter innehatte, wurde Plinius Statthalter von Bithynien und Pontus, einer Region im Nordwesten der Türkei. Dort regierte er etwa zwischen 109 und

111 n. Chr.[10] Er richtete mehrere Briefe an Kaiser Trajan, der von 98 bis 117 n. Chr. regierte. In seinem bekanntesten Brief an Trajan fragt er, wie er mit Christen umgehen solle (*Epistulae* 10.96):

> *Ich habe es mir zur Regel gemacht, Herr, alles, worüber ich im Zweifel bin, Dir vorzutragen. Wer konnte denn besser mein Zaudern lenken oder meine Unwissenheit belehren? Gerichtsverhandlungen gegen Christen habe ich noch nie beigewohnt; deshalb weiß ich nicht, was und wie weit man zu strafen oder zu untersuchen pflegt. Ich war auch ziemlich unsicher, ob das Lebensalter einen Unterschied bedingt oder ob ganz junge Menschen genauso behandelt werden wie Erwachsene, ob der Reuige Verzeihung erfährt oder ob es dem, der überhaupt einmal Christ gewesen ist, nichts hilft, wenn er es nicht mehr ist, ob schon der Name »Christ«, auch wenn keine Verbrechen vorliegen, oder nur mit dem Namen verbundene Verbrechen bestraft werden.*
>
> *Vorerst habe ich bei denen, die bei mir als Christen angezeigt wurden, folgendes Verfahren angewandt. Ich habe sie gefragt, ob sie Christen seien. Wer gestand, den habe ich unter Androhung der Todesstrafe ein zweites und drittes Mal gefragt; blieb er dabei, ließ ich ihn abführen. Denn mochten sie vorbringen, was sie wollten – Eigensinn und unbeugsame Halsstarrigkeit glaubte ich auf jeden Fall bestrafen zu müssen. Andre in dem gleichen Wahn Befangene habe ich, weil sie römische Bürger waren, zur Überführung nach Rom vorgemerkt.*
>
> *Als dann im Laufe der Verhandlungen, wie es zu gehen pflegt, die Anschuldigung weitere Kreise zog, ergaben sich verschieden gelagerte Fälle. Mir wurde eine anonyme Klageschrift mit zahlreichen Namen eingereicht. Diejenigen, die leugneten, Christen zu sein oder gewesen zu sein,*

glaubte ich freilassen zu müssen, da sie nach einer von mir vorgesprochenen Formel unsre Götter anriefen und vor Deinem Bilde, das ich zu diesem Zweck zusammen mit den Statuen der Götter hatte bringen lassen, mit Weihrauch und Wein opferten, außerdem Christus fluchten, lauter Dinge, zu denen wirkliche Christen sich angeblich nicht zwingen lassen. Andre, die der Denunziant genannt hatte, gaben zunächst zu, Christen zu sein, widerriefen es dann aber; sie seien es zwar gewesen, hätten es dann aber aufgegeben, manche vor drei Jahren, manche vor noch längerer Zeit, hin und wieder sogar vor zwanzig Jahren. Auch diese alle bezeugten Deinem Bilde und den Götterstatuen ihre Verehrung und fluchten Christus. Sie versicherten jedoch, ihre ganze Schuld oder ihr ganzer Irrtum habe darin bestanden, daß sie sich an einem bestimmten Tage vor Sonnenaufgang zu versammeln pflegten, Christus als ihrem Gott einen Wechselgesang zu singen und sich durch Eid nicht etwa zu irgendwelchen Verbrechen zu verpflichten, sondern keinen Diebstahl, Raubüberfall oder Ehebruch zu begehen, ein gegebenes Wort nicht zu brechen, eine angemahnte Schuld nicht abzuleugnen. Hernach seien sie auseinandergegangen und dann wieder zusammengekommen, um Speise zu sich zu nehmen, jedoch gewöhnliche, harmlose Speise, aber das hätten sie nach meinem Edikt, durch das ich gemäß Deinen Instruktionen Hetärien verboten hatte, unterlassen. Für umso notwendiger hielt ich es, von zwei Mägden, sogenannten Diakonissen, unter der Folter ein Geständnis der Wahrheit zu erzwingen. Ich fand nichts andres als einen wüsten, maßlosen Aberglauben.

Somit habe ich die weitere Untersuchung vertagt, um mir bei Dir Rat zu holen. Die Sache scheint mir nämlich der Beratung zu bedürfen, vor allem wegen der großen Zahl der Angeklagten. Denn viele jeden Alters, jeden Standes, auch beiderlei Geschlechts sind jetzt und in Zukunft gefährdet. Nicht nur über die Städte, auch über Dörfer und Felder hat sich die Seuche dieses Aberglaubens verbreitet, aber ich glaube, man kann ihr Einhalt gebieten und Abhilfe schaffen. Jedenfalls ist es ziemlich sicher, daß die beinahe schon verödeten Tempel allmählich wieder besucht, die lange ausgesetzten feierlichen Opfer wieder aufgenommen werden und das Opferfleisch, für das sich bisher nur ganz selten ein Käufer fand, überall wieder Absatz findet. Daraus gewinnt man leicht einen Begriff, welch eine Masse von Menschen gebessert werden kann, wenn man der Reue Raum gibt.

Trajan antwortete Plinius (den er *Secundus* nannte) dann kurz und knapp (*Epistulae* 10.97):

Mein Secundus! Bei der Untersuchung der Fälle derer, die bei Dir als Christen angezeigt worden sind, hast Du den rechten Weg eingeschlagen. Denn insgesamt läßt sich überhaupt nichts festlegen, was gleichsam als feste Norm dienen konnte. Nachspionieren soll man ihnen nicht; werden sie angezeigt und überführt, sind sie zu bestrafen, so *jedoch, daß, wer leugnet, Christ zu sein, und das durch die Tat, das heißt: durch Anrufung unsrer Götter beweist, wenn er auch für die Vergangenheit verdächtig bleibt, auf Grund seiner Reue Verzeihung erhält. Anonym eingereichte Klageschriften dürfen bei keiner Straftat Berücksichti-*

gung finden, denn das wäre ein schlimmes Beispiel und paßt nicht in unsre Zeit.[11]

Eine große Anzahl von Christen

Aus dieser Korrespondenz können wir einige Schlüsse ziehen. Zum einen mochten weder Plinius noch Kaiser Trajan die Christen. Zum anderen war es oft schwierig, Christ zu sein. Außerdem scheint es in Plinius' Gebiet eine große Anzahl von Christen gegeben zu haben, ein Motiv, das auch in Tacitus' *Annalen* zu finden ist. Tacitus spricht von einer *gewaltigen Menge* in Rom, und hier schreibt der Statthalter von Bithynien dem Kaiser, in seinem Gebiet seien so viele Menschen Christen geworden, dass die Tempel fast schon menschenleer seien und die Verkäufer von Opferfleisch kaum noch Abnehmer fänden. Natürlich können wir aus Plinius' Schilderungen verwaister Tempel und geringer Opferfleischabsätze eine gewisse rhetorische Ausschmückung heraushören. Dennoch schrieb er hier immerhin an den Kaiser, dem er sicherlich nicht den Eindruck vermitteln wollte, unzutreffend über seine Provinz zu berichten.

Die Situation in dieser nichtchristlichen Quelle hat auffallende Ähnlichkeit mit der Schilderung in der Apostelgeschichte im Neuen Testament. Dies ist für die Frage nach der Zuverlässigkeit der Evangelien relevant, da der Stil der Apostelgeschichte darauf hindeutet, dass sie von derselben Person geschrieben wurde wie das Lukasevangelium. Apostelgeschichte 19 beschreibt die Situation etwas weiter südlich in Ephesus, wo ein großer Aufstand ausbrach, weil sich so viele Leute dem Christentum zuwandten, dass die Kunstschmiede ihre Götterbilder nicht mehr loswurden.

Die naheliegendste Lesart dieser Quellen in ihrer Summe besagt, dass sehr viele Menschen Christen wurden. Allein die Existenz vieler Christen bedeutet freilich nicht, dass ihre Überzeugungen richtig waren. Auch falsche Überzeugungen können sich rasch verbreiten. Dennoch macht die große Zahl der Christen einige Erklärungen schwieriger.

Diejenigen, die sagen, der christliche Glaube sei durch eine schrittweise Entwicklung entstanden, behaupten meistens, einige der Grundüberzeugungen seien erst nach langer Zeit aufgekommen. Doch wenn Grundüberzeugungen wie die, dass Jesus Christus als Opfer für die Sünden der Menschen starb und dann leiblich auferstand, lediglich spätere Ergänzungen des christlichen Glaubens sind, wie erklären wir dann die weite geografische Verbreitung von Christen mit diesen Überzeugungen? In vielen unabhängigen frühen christlichen Quellen sind diese Überzeugungen explizit oder implizit enthalten. Es ist eigentlich unmöglich, die spätere Uniformität des christlichen Glaubens in diesen Dingen zu erklären, wenn die riesige Schar der früheren Christen nicht auch daran geglaubt hätte. Genauso wenig kann man davon ausgehen, dass eine Gruppe ohne politische Autorität in jenen Tagen, als das Reisen beschwerlich und sogar gefährlich war, imstande gewesen wäre, einer so großen, weitverbreiteten Menge von Nachfolgern eine bedeutende Änderung von Überzeugungen ohne Weiteres *aufzuerlegen*.

Nur ein Gott

Ein weiteres Merkmal dieser Korrespondenz verdient etwas mehr Aufmerksamkeit. Plinius und Kaiser Trajan stimmten darin überein, wie mutmaßliche Christen überprüft werden sollten: Sie mussten beweisen, dass sie keine Christen waren, indem sie römische Götter anbeteten. Der Kaiser weiß, wofür Christen stehen, wenn er schreibt: »[…] wer leugnet, Christ zu sein, und das durch die Tat, das heißt durch Anrufung unserer Götter beweist […].« Trajan wusste genug über den christlichen Glauben, um sicher zu sein, dass dies ein zuverlässiger Test war.

Plinius selbst führte verschiedene Prüfungen durch. Abgesehen davon, Christus zu verfluchen, ging es meist darum, die römischen Götter anzubeten (zu denen in gewisser Weise auch der Kaiser gehörte). Das alles ist keine Überraschung in Anbetracht dessen, was wir über den späteren christlichen Glauben an *einen* Gott wissen. Dieser Glaube spiegelt sich durchweg in den frühesten erhaltenen christlichen Dokumenten wider.[12] Und es ist auch nicht schwer herauszufinden, wo er herkam. Alle sind sich darüber einig, dass das Christentum aus dem Judentum hervorging, das der festen Überzeugung war, es gebe nur einen Gott, und nur er dürfe angebetet werden. Die einfachste Deutung der Indizien legt nahe, dass Christen am hergebrachten Glauben der Juden festhielten, wonach es nur *einen* Gott gab, den Schöpfer, der sich von allem, was er geschaffen hatte, komplett unterschied.

Doch an dieser Stelle überrascht uns Plinius' Brief an Trajan. Er erwähnt nämlich eine frühe christliche Zusammenkunft, wie sie Leute schilderten, die sich drei Jahre, »viele« Jahre oder sogar zwanzig Jahre zuvor vom Christentum losgesagt hatten. Gehen wir vom Jahr 111 n. Chr. ungefähr zwanzig Jahre zurück, so ergibt sich, dass der Statthalter von Bithynien dem Kaiser ein *Christentreffen im ersten Jahrhundert* beschrieb.

Abgesehen von der wiederholten Betonung der Integrität der Christen in geschäftlichen Dingen und im Familienleben und ihrer allgemeinen Ehrlichkeit wird uns dort auch geschildert, wie die frühen Christen sich vor dem Morgengrauen trafen und *Christus »als einem Gott« sangen* – in einer Art und Weise, die kaum als etwas anderes als Anbetung aufgefasst werden kann. Von Lobgesang für Gott ist nicht die Rede; Christus steht im Mittelpunkt des frühchristlichen Gottesdienstes. Da es im Lateinischen keinen unbestimmten Artikel gibt, könnte Plinius' Formulierung *quasi deo* »als Gott« oder »als einem Gott« bedeuten. Doch wie wir gerade gesehen haben, bestand der absolut sichere Test, ob jemand Christ war, darin, dass man ihn aufforderte, römische Götter anzubeten. Christen waren dazu aber genau deshalb *nicht* bereit, weil sie an der jüdischen Lehre festhielten, nur der Schöpfergott dürfe angebetet werden.

Wie konnten sie also Christus anbeten? Die Antwort ist genauso simpel wie mathematisch.

In geläufigen Vorstellungen von der Entstehung des Christentums heißt es oft, die Anbetung Christi und seine Verehrung als Gott müssten sich allmählich entwickelt haben. Ein Problem hierbei liegt darin, dass der jüdische Monotheismus, aus dem das Christentum hervorging, scharf zwischen dem einen Schöpfer und allem Geschaffenen unterschied. Die Anzahl von Göttern war auf genau einen begrenzt. Das bedeutet, dass sich diejenigen, die an jüdischen Kategorien festhielten, Christus niemals als einen Halbgott vorgestellt hätten, ein Wesen im Übergang vom bloßen Menschen zum Gott. Da es im Judentum keine Halbgötter gab, wäre niemand auf den Gedanken gekommen, Christus für ein solches Zwischending zwischen Mensch und Gott zu halten, was ja die irritierende Anzahl von eineinhalb Göttern ergeben hätte. Im klassischen jüdischen Denken war es schlicht unvorstellbar, einem Wesen nach und nach immer mehr Ehre zuzuschreiben, bis es schließlich als Gott galt.[13]

Zudem: Selbst *nachdem* Trajan davon gehört hatte, dass die frühen Christen Christus mit Gesang anbeteten, behauptete er, die bloße Anbetung römischer Götter sei doch Beweis genug dafür, dass jemand kein Christ mehr war. So wie der Kaiser das Christentum verstand, ging er also davon aus, Christus sei tatsächlich die Gottheit der frühen Christen gewesen.

Das Bild, das uns von Tacitus und Plinius vermittelt wird, stimmt also in wichtigen Punkten mit dem Befund im Neuen Testament überein. Wir können schlussfolgern, dass Christus unter Pontius Pilatus hingerichtet wurde und kurz danach von einer

Gruppe von Menschen, die am zentralen jüdischen Dogma des Glaubens an einen Gott festhielten, als Gott verehrt wurde. Das Christentum breitete sich zudem sehr schnell aus, und es war oft schwer, ein Christ zu sein.

All das wirft die Frage auf, warum das Christentum sich so schnell verbreitete und wie jemand, der öffentlich von den Römern hingerichtet worden war und sich somit als Gescheiterter erwiesen hatte, kurz darauf als anbetungswürdig betrachtet werden konnte. Den Juden war Menschenanbetung zuwider, und bis auf einige Ausnahmen brachten Nichtjuden den Juden nicht gerade Bewunderung entgegen. Dass sich eine derart jüdisch daherkommende Religion unter einer großen Anzahl von Nichtjuden ausbreiten konnte, erfordert eine überzeugende Erklärung.

Flavius Josephus

Unser dritter nichtchristlicher Schreiber ist der jüdische Historiker Flavius Josephus. Er wurde um das Jahr 37 oder 38 n. Chr. geboren und starb Anfang des zweiten Jahrhunderts. Josephus war Befehlshaber der jüdischen Armee in Galiläa während deren ersten Aufstands gegen Rom im Jahr 66 n. Chr. Im Jahr 67 wurde er von den Römern gefangen genommen, und er behauptete später, er habe vorausgesagt, dass Vespasian im Juli 69 Kaiser werden würde. Josephus fand Gunst bei Vespasian und darauf folgenden Kaisern, wurde römischer Staatsbürger und nahm – Vespasians Familiennamen entsprechend – den Namen Flavius an. In der Spätphase seines Lebens schrieb er die in Tabelle 1.2 aufgelisteten Werke (siehe nächste Seite).

Tabelle 1.2 Werke des Josephus

Titel (abgek.)	**Inhalt**	**Umfang**	**Datum** (ca.)
Der Jüdische Krieg	Über den Konflikt mit Rom 66–73 n. Chr.	7 Bücher	79 n. Chr.
Jüdische Altertümer	Eine Geschichte der Juden, angefangen bei der Schöpfung	20 Bücher	93 n. Chr.
Vita	Eine Autobiographie mit Fokus auf den Konflikt der Juden mit Rom	1 Buch	93 n. Chr.
Contra Apion	Eine Verteidigung des Judentums mit der Betonung auf dessen Alter	2 Bücher	95 n. Chr.

Josephus ist ohne Zweifel der wichtigste Historiker für die Ereignisse im Palästina des ersten Jahrhunderts. Er ist deshalb besonders interessant, weil seine Geschichtsschreibung *Jüdische Altertümer* nicht nur von Jesus Christus, sondern auch von Johannes dem Täufer[14] handelt, der ebenfalls eine wichtige Figur in den Evangelien ist.

Die griechischen Manuskripte von Josephus' *Jüdischen Altertümern* erwähnen Jesus Christus an zwei Stellen. Davon gilt eine zumeist als sekundäre, also nicht von Josephus stammende Ergänzung oder als im Zuge des Abschreibens kontaminierte Stelle.[15] Die andere Stelle handelt von dem jüdischen Hohepriester Ananus. Als es um 62 n. Chr. keinen Statthalter gab, nutzte Ananus das Machtvakuum aus und ging dabei so vor: »[Ananus] versammelte daher den Hohen Rat zum Gericht und stellte vor dasselbe den Bruder des Jesus, der Christus genannt wird, mit Namen Jakobus, sowie noch einige andre, die er der Gesetzesübertretung anklagte und zur Steinigung führen ließ.«[16] Als Josephus diesen Bericht schrieb, war er erwachsen. Dieses Ereignis geschah in seiner Heimatstadt Jerusalem, wo er zu der Zeit wahrscheinlich auch lebte. Der Bericht bestätigt die Aussagen der Evangelien (Matthäus 13,55 und Markus 6,3), wonach Jesus einen Bruder mit dem Namen Jakobus hatte.[17] Gemäß den Angaben einiger Christen aus dem ersten Jahrhundert war Jakobus der Anführer der Christen in Jerusalem (Apostelgeschichte 15,13; Galater 1,19; 2,9). Es scheint also, dass Ananus Jakobus und andere Christen verfolgte, weil er sie als Übertreter des jüdischen Gesetzes ansah.

Die von Josephus dargestellte Situation passt gut zu dem, was wir schon von Tacitus und Plinius wissen. Sie passt auch zu den zahlreichen Verfolgungsberichten des Neuen Testaments. Die nichtchristlichen Aufzeichnungen stimmen grundsätzlich mit den christlichen darin überein, dass frühe Christen vielen Schwierigkeiten ausgesetzt waren.

Allerdings unterscheidet sich Josephus' Bericht auch von denen des Tacitus und Plinius. Diese beiden klassischen Schreiber bezeugen, wie weit und wie schnell sich das Christentum ausbreitete. Josephus dagegen informiert uns darüber, dass es selbst nach einigen Jahrzehnten immer noch Familienmitglieder unter den Nachfolgern Jesu gab. Das ist interessant, denn um eine solche Rolle innezuhaben, musste Jakobus glauben (oder zumindest zu glauben vorgeben), dass sein gekreuzigter Bruder der versprochene jüdische Erlöser, der Messias, war. Denn das ist die Bedeutung des Namens *Christus*. Außerdem starb Jakobus für seinen Glauben, was darauf hinweist, dass er wirklich der Überzeugung war, sein Bruder sei der Messias.

Daraus lassen sich einige Schlüsse ziehen: Ein Bruder, selbst ein jüngerer Bruder, weiß in der Regel über das Leben anderer Familienmitglieder Bescheid. So wird Jakobus schon als Kind mitbekommen haben, wo Jesus geboren worden war, wer seine Vorfahren waren und ob seine Eltern Josef als Jesu biologischen

Vater ansahen. Wenn Jakobus als Familienmitglied aufrichtig daran glaubte, dass sein Bruder der Messias war, dann hätte seine Führungsfunktion in der Gemeinde in Jerusalem wohl kaum eine Umgebung geschaffen, in der neue Lehren über Jesus ohne Weiteres akzeptiert wurden.

Das Matthäus- und das Lukasevangelium, die in der Regel ins erste Jahrhundert datiert werden, bezeugen, dass Jesus von einer Jungfrau in Bethlehem geboren wurde – der Stadt, aus der gemäß dem alttestamentlichen Propheten Micha der zukünftige Herrscher Israels kommen würde (Micha 5,2). Alle vier Evangelien besagen, dass Jesus von David abstammte.[18] Skeptische Leser des Neuen Testaments gehen vielleicht davon aus, dass sich diese Überzeugungen mit der Zeit durch übertriebene Erzählungen über Jesus als den Messias verbreitet haben. Daraus ergibt sich aber das Problem, einen Kontext zu finden, in dem sich derlei Ausschmückungen tatsächlich ausbreiten *konnten*.

Man kann sogar ohne Weiteres davon ausgehen, dass mehr als ein Mitglied der Familie Jesu in den ersten dreißig Jahren des Christentums eine Schlüsselrolle in der frühen Kirche hatte. Laut 1. Korinther 9,5 (ca. 56 n. Chr. geschrieben) reisten nicht nur ein Bruder, sondern *die Brüder* Jesu mit ihren Frauen umher und verbreiteten die christliche Botschaft. In dieser Zeit muss es recht schwierig gewesen sein, neue Glaubensinhalte über die Familienhintergründe Jesu aufkommen zu lassen.

Doch ist es dann wahrscheinlich, dass solche Überzeugungen nach 62 n. Chr. aufkamen, als Jakobus gestorben war? Das Christentum hatte sich zu diesem Zeitpunkt so weit und so schnell ausgebreitet, dass es schwierig gewesen wäre, neue Überzeugungen einzuführen. Jeder, der eine neue Lehre verbreiten wollte, hätte also zumindest weit reisen müssen, um diese Lehre zu fördern, und hätte bei seinem Versuch, die etablierte Lehre zu verändern, auch Widerstände überwinden müssen.

Nehmen wir beispielsweise Jesu Geburt in Bethlehem. Wenn wir zunächst über die erstaunlichen Umstände der Geburt hinwegsehen (nämlich dass jemand, der vom Begründer der großen königlichen Dynastie Israels abstammt, von einer Jungfrau in einer Stadt geboren wird, aus der laut einer alten Prophetie ein künftiger Herrscher kommen sollte), dann ist die natürlichste Auswertung der in den Dokumenten enthaltenen Indizien die, dass diese Überzeugungen ab dem Zeitpunkt vorhanden waren, als sich das Christentum auszubreiten begann. Nur wenige hätten in so einem Fall Mühe, an diese Dinge zu glauben. Das träfe insbesondere dann zu, wenn wirklich gläubige Familienmitglieder dabei waren, als die Botschaft sich in den ersten Jahrzehnten ausbreitete.

Wir werden uns zwar erst in Kapitel 8 mit der Frage der Wunder beschäftigen, die für manche hinderlich dabei sind, die Berichte in den Evangelien als historisch zu akzeptieren. Doch möchte ich schon jetzt eines festhalten: Wenn die Behauptungen über Jesus nicht so verblüffend wären, hätte wohl kaum jemand Probleme damit, an die so kurz nach den Ereignissen aufgezeichneten biografischen Details zu glauben.

Wir haben uns nun drei nichtchristliche Autoren und ihre Aussagen über Jesus Christus oder die Christen angesehen. Dabei haben wir festgestellt, dass

- grundlegende Fakten aus dem Neuen Testament bestätigt wurden, wie Jesu Tod unter Pontius Pilatus in Judäa zwischen 26 und 36 n. Chr.,
- Jesus schon früh als Gott angebetet wurde,
- Jesu Nachfolger oft verfolgt wurden,
- Christen sich schnell und weit verbreitet haben,
- manche frühen christlichen Führungspersonen Jesu Familienhintergrund kannten.

2

Was sind die vier Evangelien?

Im letzten Kapitel haben wir uns mit einigen grundlegenden Informationen zum Christentum aus nichtchristlichen Quellen beschäftigt: Alles begann in Judäa mit einem Mann namens Jesus Christus, der von den Römern irgendwann zwischen 26 und 36 n. Chr. hingerichtet wurde. Nach seinem Tod waren seine Nachfolger innerhalb von wenigen Jahrzehnten in fünf verschiedenen Teilen des Römischen Reiches anzutreffen. Dasselbe wird auch in christlichen Texten berichtet.

Um in unseren Untersuchungen weiter voranzukommen, müssen wir diese christlichen Quellen betrachten. Man ist vielleicht versucht, sie als voreingenommen zu verwerfen, doch wie bereits angemerkt ist ein Autor nicht unglaubwürdig, nur weil er etwas beweisen will. In den folgenden Ausführungen beziehen sich die Namen *Matthäus, Markus, Lukas* und *Johannes* auf die Evangelien, nicht deren Autoren, es sei denn, der Kontext macht es klar, dass ich über eine Person spreche.

Es herrscht weitgehend Übereinstimmung darüber, dass die vier Evangelien die frühesten ausführlichen Berichte über Jesu Leben und Lehre sind. Manche Forscher plädieren dafür, auch das *Thomasevangelium,* das gewiss *nicht* von dem Jesus-Jünger Thomas geschrieben wurde, als wichtige, unabhängige, frühe Quelle über Jesus zu akzeptieren. Allerdings stützt es sich vermutlich auf die neutestamentlichen Schriften.[19] Bart Ehrman, ein bekannter Exchrist und Skeptiker, formuliert es so:

> *Wie wir gleich sehen werden, sind die ältesten und besten Quellen, die wir über das Leben Jesu haben [...] die vier Evangelien des Neuen Testaments – Matthäus, Markus, Lukas und Johannes. Das meinen nicht nur christliche Historiker, die eine hohe Meinung vom Neuen Testament und seinem historischen Wert haben; dies ist die Ansicht aller seriösen Althistoriker jeglicher Couleur, von hingegebenen evangelikalen Christen bis hin zu eingefleischten Atheisten.*[20]

Die vier Evangelien wurden nicht unter politischem Druck ausgewählt, sondern sie galten den frühen Christen als die besten Quellen für Informationen über Jesu Leben – ohne dass irgendeine zentrale Autorität gefordert hätte, sie zu akzeptieren. Wie wir gleich sehen werden, waren schon Ende des zweiten und Anfang des dritten Jahrhunderts die vier Evangelien als zusammengehörige Texte anerkannt.

Die Chester-Beatty-Bibliothek in Dublin verfügt über eine Handschrift mit dem Namen *Papyrus 45*, die die vier Evangelien und die Apostelgeschichte beinhaltet. Diese Handschrift entstand wahrscheinlich in der ersten Hälfte des dritten Jahrhunderts in Südägypten.[21] Gehen wir noch etwas weiter zurück: Irenäus, der Bischof von Lyon (Frankreich), schrieb um das Jahr 185 n. Chr., Gott habe das Evangelium in vierfacher Form gegeben. Damit meinte er die vier Evangelien.

Noch früher, um das Jahr 173, hatte ein Mann namens Tatian eine alleinstehende, chronologisch angeordnete Nacherzählung der Geschichte Jesu auf Basis der vier Evangelien angefertigt. Dieses Werk, das auch *Diatessaron* genannt wird, wurde wahrscheinlich in Syrien geschrieben. Zwar ist es uns nicht erhalten geblieben, doch geht man davon aus, dass es viele Harmonisierungen der Evangelien[22] im Mittelalter stark beeinflusst hat.

Diese Indizien aus Frankreich, Ägypten und Syrien zeigen also, dass die vier Evangelien schon im dritten Jahrhundert als eine besondere, zusammengehörende Textsammlung angesehen wurden.[23] Mit anderen Worten: Diese vier Bücher gemeinsam galten als die beste Informationsquelle über Jesus, und zwar lange bevor irgendeine zentrale Stadt, Gruppe oder Person im Christentum genug Macht hatte, diese Textsammlung anderen Leuten aufzuzwingen. Die Bücher selbst waren offensichtlich glaubwürdig, was die einfachste Erklärung dafür liefert, warum sie von so vielen Menschen akzeptiert wurden.

Vier sind viele

Es wird selten bedacht, wie erstaunlich es ist, dass wir vier Evangelien über Jesus haben. Das ist eine Menge Material über eine Person aus dieser Zeit. Obwohl sich Jesus am Rande des Römischen Reichs befand, haben wir über sein Leben und seine Lehre genauso viele Quellen wie über die Aktivitäten und Gespräche von Tiberius, dem Kaiser zur Zeit des öffentlichen Wirkens Jesu. Das Leben des Tiberius (er regierte von 14 bis 37 n. Chr.) und das Leben Jesu sind jeweils in vier Hauptquellen aufgezeichnet, wie die Tabellen 2.1 und 2.2 (siehe nächste Seite) zeigen.[24]

Tabelle 2.1 Hauptquellen über Tiberius

Autor und Werk	Wörter	Früheste Abschrift	Datierung	Sprache
Velleius Paterculus, *Historia Romana* 2.94–131	6489	16. Jh.	30 n. Chr.	Lateinisch
Tacitus, *Annalen* 1–6	48200	9. Jh.	Nach 110 n. Chr.*	Lateinisch
Suetonius, *Tiberius*	9310	9. Jh.	Nach 120 n. Chr.	Lateinisch
Cassius Dio, *Römische Geschichte*	14293	9. Jh.	Nach 200 n. Chr.	Griechisch

* Ich habe hier ein früheres Datum für die *Annalen* als in Tabelle 1.1 (S. 16) gewählt, weil es sich hierbei um Minimaldatierungen handelt, nicht um wahrscheinliche Datierungen. Es ist zudem denkbar, dass Tacitus an den frühen Bänden der *Annalen* schon lange vor der Veröffentlichung arbeitete.

Tabelle 2.2 Hauptquellen über Jesus*

Evangelium	Wörter	Früheste vollständige Abschrift	Früheste unvollständige Abschrift	Sprache
Matthäus	18347	4. Jh.	2./3. Jh.	Griechisch
Markus	11103	4. Jh.	3. Jh.	Griechisch
Lukas	19463	4. Jh.	3. Jh.	Griechisch
Johannes	15445	4. Jh.	2. Jh.	Griechisch

* Statistik basiert auf *The Greek New Testament, Produced at Tyndale House, Cambridge* (Wheaton, IL: Crossway; Cambridge: Cambridge University Press, 2017), wobei Markus 16,9–20 ausgelassen wurde.

Abgesehen von dem Werk von Velleius Paterculus, der zur selben Zeit wie Tiberius lebte, entstanden alle Quellen über Tiberius 80 oder mehr Jahre nach den darin berichteten Ereignissen. Die frühesten Abschriften entstanden wiederum noch später, und die Werke selbst sind in wesentlich weniger Handschriften überliefert als die Evangelien. Diese jedoch wurden, wie wir noch sehen werden, aller Wahrscheinlichkeit nach weniger als 80 Jahre nach dem Wirken Jesu verfasst.

In zweierlei Hinsicht aber scheinen die Aufzeichnungen über Tiberius den Evangelien überlegen zu sein. Zum einen schrieb Velleius Paterculus als Zeitgenosse des Tiberius. Allerdings war Paterculus ein Propagandist für Tiberius und verfasste – möglicherweise unter Tiberius' Einfluss – Werke, die Tiberius in einem möglichst guten Licht darstellten. Deshalb hat sein Zeugnis in der Regel weniger Gewicht als das der drei späteren Schreiber. Die Evangelisten hingegen standen sicherlich nicht unter politischem Druck, als sie die Evangelien verfassten. Wenn Tacitus' und Suetonius' Angaben der Wahrheit entsprechen, war Tiberius für die Hinrichtung vieler Individuen verantwortlich, die im Verdacht standen, gegen ihn zu schreiben. Paterculus erwähnt das natürlich nicht.

Zum anderen haben die Aufzeichnungen über Tiberius den Vorteil, dass sich ganze sechs Bücher von Tacitus' *Annalen* mit der Herrschaft des Tiberius befassen. Diese wirken viel umfangreicher als die Evangelien. Allerdings handeln diese sechs Bücher kaum von Tiberius selbst. Sie konzentrieren sich vielmehr auf die vielen Ereignisse und Intrigen seiner Regierungszeit.[25] Ebenso handelt der Text des Cassius Dios nicht ausschließlich von Tiberius. Im Gegensatz hierzu konzentrieren sich alle vier Evangelien ausschließlich auf Jesus. Nur kurze Passagen bei Matthäus und Lukas scheinen von Johannes dem Täufer zu handeln, stellen aber tatsächlich ebenfalls Jesus in den Mittelpunkt. Folglich sind über Jesus mehr Texte bekannt, die außerdem in einem kürzeren Abstand zu seinem Leben stehen, als über Tiberius, die berühmteste Person der damaligen Welt.

Natürlich gibt es auch andere Aufzeichnungen über Tiberius und Jesus, die uns weniger historische Informationen liefern als die ausführlichen Biografien. Im Falle von Tiberius sind es Münzen und zahlreiche sporadische Verweise in historischen Werken; bei Jesus sind es die anderen Bücher des Neuen Testaments, die ebenso von ihm handeln.

Allerdings sollte dieser Vergleich der Aufzeichnungen über Tiberius und Jesus nicht überbewertet werden. Er kann nicht beweisen, dass die Evangelien notwendigerweise den Aufzeichnungen über Tiberius überlegen sind. Der Vergleich bietet uns vielmehr einen bestimmten Blickwinkel: Verglichen mit einer der bekanntesten Personen des Altertums haben wir eine große Menge an Text über Jesus.

Übersicht der Evangelien

Spätestens zur Zeit des Irenäus, der um das Jahr 185 n. Chr. schrieb, werden die Autoren der vier Evangelien mit diesen Personen identifiziert:[26]

- Matthäus, ein Zöllner aus Kapernaum (Matthäus 9,9; 10,3), war einer der zwölf Jünger Jesu, die auch Apostel genannt wurden.
- Markus, der nicht zu den Zwölfen zählte, war der Dolmetscher des Apostels Petrus in Rom. Er wird allgemein als Johannes Markus identifiziert, dessen Mutter Maria ein Haus in Jerusalem besaß (Apostelgeschichte 12,12). Er war ein Cousin des Barnabas (Kolosser 4,10), der aus Zypern stammte (Apostelgeschichte 4,36).

- Lukas, der nicht zu den Zwölfen zählte, war Arzt (Kolosser 4,14) und begleitete Paulus auf manchen seiner Reisen durch den Mittelmeerraum. Er war vielleicht der einzige nichtjüdische Autor des Neuen Testaments.
- Johannes, Sohn des Zebedäus, war einer der Zwölf, der jüngere Bruder des Jakobus und ein Fischer aus Kapernaum.

Wir werden uns später mit den Indizien für die Autorenschaft der jeweiligen Evangelien befassen. Zunächst ist von Belang, dass nur Matthäus und Johannes Augenzeugen Jesu gewesen sein sollen. Markus war vielleicht Augenzeuge mancher Ereignisse, doch nach den Angaben des Papias, eines Autors aus dem zweiten Jahrhundert, bekam Markus seine Informationen von Petrus, der in gewisser Weise der Anführer der zwölf Apostel war.[27] Das Lukasevangelium impliziert, dass sein Autor kein Augenzeuge war, sagt aber auch, dass er alle Fakten sorgfältig mithilfe von Augenzeugen überprüft hat. Da weder Markus noch Lukas Augenzeugen waren, ist es höchst unwahrscheinlich, dass jemand ihre Namen mit den Evangelien in Verbindung bringen würde, es sei denn, sie waren tatsächlich die Autoren.[28]

Die Evangelien gleichen nicht modernen Biografien, die jeder Lebensphase der dargestellten Person gleich viel Aufmerksamkeit schenken. Vielmehr nehmen die Ereignisse um die Kreuzigung und Auferstehung Jesu und der vorausgehenden Woche den größten Raum ein. Nur Matthäus und Lukas zeichnen Jesu Geburt detailliert auf, und nur Lukas berichtet von einem Ereignis zwischen seiner Geburt und seinem Wirken als Erwachsener.

Betrachtet man die Evangelien, so fällt auf, dass sie als drei plus eins gruppiert sind. Matthäus, Markus und Lukas haben miteinander mehr gemeinsam als mit Johannes. Was die Sprache, Themen, Ausdrucksweise und Reihenfolge angeht, haben Matthäus, Markus und Lukas so viele Parallelen, dass man sie als die *synoptischen Evangelien* bezeichnet: Sie sehen die Ereignisse mit derselben »Optik«. Allerdings hat jedes der synoptischen Evangelien auch seine eigene Beziehung zu dem Material in Johannes. Doch der Unterschied zwischen den synoptischen Evangelien und Johannes kommt klar zum Vorschein. So enthalten die Synoptiker im Gegensatz zu Johannes die von Jesus erzählten Gleichnisse. Johannes berichtet davon, dass Jesus einige Behauptungen über sich selbst aufstellte – sieben insgesamt –, die mit »Ich bin ...« anfangen. Dazu zählen beispielsweise »Ich bin das Brot des Lebens« (Johannes 6,35), »Ich bin die Tür« (Johannes 10,9) und »Ich bin der Weg [...], die Wahrheit und das Leben« (Johannes 14,6). Die synoptischen Evangelien enthalten keine dieser Aussagen. Das sind nur einige der zahlreichen Unterschiede.

Diese Unterschiede zu Johannes stehen im Kontrast zur Beziehung der synoptischen Evangelien untereinander. An einer Stelle enthalten Matthäus und Lukas Aussagen von Johannes dem Täufer, wobei sie beinahe denselben Wortlaut verwenden. In einer 41 Wörter umfassenden Sequenz im Griechischen gibt es nur drei kleine Unterschiede.

> *Als er aber viele der Pharisäer und Sadduzäer zu seiner Taufe kommen sah, sprach er zu ihnen: »Otternbrut! Wer hat euch gewiesen, dem kommenden Zorn zu entfliehen? Bringt nun der Buße würdige Frucht; und meint nicht, bei euch selbst zu sagen: Wir haben Abraham zum Vater! Denn ich sage euch, dass Gott dem Abraham aus diesen Steinen Kinder zu erwecken vermag.«*
> *(Matthäus 3,7–9)*
>
> *Er sprach nun zu den Volksmengen, die hinausgingen, um von ihm getauft zu werden: »Otternbrut! Wer hat euch gewiesen, dem kommenden Zorn zu entfliehen?*

Bringt nun der Buße würdige Früchte; und beginnt nicht bei euch selbst zu sagen: Wir haben Abraham zum Vater! Denn ich sage euch, dass Gott dem Abraham aus diesen Steinen Kinder zu erwecken vermag.« (Lukas 3,7–8)[29]

Wir sehen sofort, dass Johannes der Täufer in beiden Evangelien unterschiedlich eingeführt wird. Doch in der wörtlichen Rede selbst unterscheiden sich im Griechischen nur drei Wörter. *Frucht* steht bei Matthäus im Singular, bei Lukas im Plural. Deshalb ist im Griechischen das Adjektiv, das hier mit »würdig« übersetzt ist, ebenso im Singular bzw. Plural – was im Deutschen nicht sichtbar ist. Außerdem steht bei Matthäus *meint,* bei Lukas aber *beginnt.*

Diese Übereinstimmung der Wortwahl führt, zusammen mit vielen ähnlichen Beispielen, Forscher zu dem Schluss, dass einer der Evangelisten den anderen als Quelle verwendet hat oder dass sich beide einer gemeinsamen Quelle bedienten.

Man hat schon oft versucht, die Beziehungen unter den synoptischen Evangelien statistisch auszuarbeiten, und Ähnlichkeiten und Unterschiede in Prozenten angegeben. Das ist zwar nützlich, doch muss man bedenken, dass der Anteil der ähnlichen Wortlaute je nach Zählweise variieren wird. Wenn dasselbe Wort in zwei Evangelien vorkommt, aber in verschiedenen grammatischen Formen oder an einer anderen Stelle im Satz, könnte dies als ähnlicher oder unterschiedlicher Wortlaut gewertet werden, je nachdem, was man misst. Es überrascht daher nicht, dass die Zahlen hier variieren.

Wenn wir die strengste Zählweise anwenden und nur Wörter berücksichtigen, deren grammatische Form identisch ist, finden wir immer noch beträchtliche Entsprechungen zwischen manchen Abschnitten in Matthäus, Markus und Lukas vor (siehe Tabelle 2.3 auf der nächsten Seite).[30]

Tabelle 2.3 Korrelationen in den Evangelien

Evangelien	Exakt gleiche Wortformen
Matthäus, Markus und Lukas	1852
Nur Matthäus und Markus	2735
Nur Matthäus und Lukas	2386
Nur Markus und Lukas	1165

Die früheste Auffassung über die Entstehungsreihenfolge der Evangelien scheint zu sein, dass Matthäus zuerst geschrieben wurde, gefolgt von Markus, Lukas und Johannes.[31] Doch seit mittlerweile über einem Jahrhundert ist die Mehrzahl der Forscher der Meinung, Markus sei zuerst geschrieben worden. Als geläufigste Erklärung für die Ähnlichkeit der Evangelien dient die These, dass Matthäus und Lukas sich beide auf Markus stützten. Da die Übereinstimmungen zwischen Matthäus und Lukas hauptsächlich aus wörtlicher Rede bestehen, hat man angenommen, diese Evangelisten könnten aus einer separaten Quelle mit diesen Reden abgeschrieben haben. Diese hypothetische Quelle wird in der Forschung *Q* genannt.[32] Eine kleinere, aber dennoch einflussreiche Gruppe von Forschern hält die Annahme von Q für unnötig. Es gebe keine historischen Aufzeichnungen von Q, und die Übereinstimmungen zwischen Matthäus und Lukas seien auch durch eine direkte Verbindung der Autoren zu erklären.[33] Während *Q* auch einfach als neutrale Bezeichnung für Textpassagen verwendet werden könnte, die bei Matthäus und Lukas, nicht aber bei Markus vorkommen, wird darunter meistens der Gedanke einer bestimmten *einheitlichen, schriftlichen* Quelle verwendet. Wir können das die *Q-Hypothese* nennen, oft auch *Zweiquellentheorie* genannt, da Markus und Q zwei Hauptquellen von Matthäus und Lukas sein sollen. Manche Forscher erweitern dies zu einer sogenannten Vierquellentheorie, weil es auch Teile gibt, die Matthäus bzw. Lukas eigen sind, was dafür spricht, dass sie aus Quellen stammen, die wir nach Matthäus und Lukas *M* und *L* nennen könnten.

Aus diesen Debatten lassen sich folgende Punkte ableiten: (1) Wir können verschiedene Textpassagen in Matthäus, Markus und Lukas danach kategorisieren, wie stark sie sich überschneiden. Da wir außerdem von verschiedenen Arten von Texten sprechen können, muss jede Erklärung der Evangelien mit den Mustern der Wechselbeziehungen übereinstimmen, die diese Texte aufweisen. (2) Forscher, die der Meinung sind, dass Matthäus und Lukas auf Markus zurückgriffen, behandeln Matthäus und Lukas dort nicht als unabhängige Quellen, wo sie sich mit Markus überschneiden.

Ich werde mich hier nicht festlegen, in welcher Reihenfolge die Evangelien geschrieben wurden oder wie die Beziehungen der Evangelien zueinander aussehen. Meine These ist, dass die historische Zuverlässigkeit der Evangelien sich im Einklang mit verschiedenen Ansichten über ihre Beziehung untereinander begründen lässt. Nach meiner Auffassung sind die Informationen in allen Evangelien nachweislich zuverlässig, ob sich nun das jeweilige Textmaterial eines Evangeliums mit dem anderer überschneidet oder nicht.

Die fünf Arten von Textmaterial, die wir finden werden, sind (1) nur bei Matthäus; (2) nur bei Lukas; (3) bei Markus (aber möglicherweise auch bei Matthäus und/oder Lukas); (4) bei Matthäus und Lukas, aber nicht bei Markus (d. h. Q) und (5) nur bei Johannes. Es gibt auch viele Fälle, in denen sich Matthäus, Markus und Lukas (oder, wenn Sie so wollen, Markus und Q) überschneiden. Ob wir die vier Evangelien also als vier unabhängige Zeugen oder als fünf verschiedene Materialarten verstehen – am Ende haben wir in jedem Fall mehrere Zeugen. Selbst wenn man argumentiert, Lukas habe von Matthäus abgeschrieben oder Johannes habe sich auf Markus gestützt (wofür es relativ wenige *überzeugende* Indizien gibt), finden wir ein allgemeines Muster vor, das eindeutig darauf hinweist, dass das Material nicht frei erfunden wurde. Immer wieder werden wir feststellen, dass die Annahme, dass die Autoren ihr Wissen zuverlässig weitergaben, zu einfachen Erklärungen führt, während die Annahme, sie hätten sich alles ausgedacht, komplexe Erklärungen erforderlich macht.

Wann wurden die Evangelien geschrieben?

Die Evangelien selbst weisen keine Datierungen auf, obwohl manche christlichen Überlieferungen ihnen spezifische Entstehungszeiten zuschreiben. Sie alle (außer einige Überlieferungen zum Johannesevangelium) datieren die Evangelien auf einen Zeitpunkt, der vor der Zerstörung Jerusalems im Jahr 70 n. Chr. liegt.[34] Die Tabelle 2.4 zeigt einige Datierungszeiträume, die manche nichtchristlichen Forscher vorschlagen: (1) jüdische Forscher; (2) Shaye Cohen[35], ein jüdischer Historiker; (3) Bart Ehrman[36], ein bekannter agnostischer Forscher.

Tabelle 2.4 Datierungsvorschläge für die Evangelien

	The Jewish Annotated New Testament*	**Cohen**	**Ehrman**
Matthäus	80–90	80er	80–85
Markus	64–72	Ca. 70	65–70
Lukas	»gegen Ende des ersten Jahrhunderts«	80er	80–85
Johannes	70–130	Ca. 90–100	95

*Amy-Jill Levine und Marc Zvi Brettler (Hg.), *The Jewish Annotated New Testament,* 2nd ed., New Revised Standard Version Bible Translation (Oxford: Oxford University Press, 2017), 9, 67, 107, 168–69.

Diese Datierungen sind in der Forschung ziemlich geläufig, doch wir sollten Folgendes bedenken: Wenn die traditionelle Ansicht über die Verfasserschaft der Evangelien korrekt ist, dann waren die Verfasser von Matthäus und Johannes spätestens 33 n. Chr.[37] als Jünger Jesu aktiv gewesen. Zudem hatte der Verfasser von Markus dann spätestens um das Jahr 50[38] Barnabas und Paulus assistiert, und der Verfasser von Lukas hatte Paulus in den 50er- und 60er-Jahren auf Reisen nach Kleinasien (die heutige Türkei), Griechenland, Judäa und Rom begleitet.[39] Argumente für die traditionellen Autoren dürften daher klar für frühere Datierungen sprechen, es sei denn, man geht davon aus, dass die Autoren jeweils gegen Ende ihres ungewöhnlich langen Lebens schrieben, wobei die Lebenserwartung damals niedriger war als heute.

Die oben aufgelisteten Datierungen basieren oft auf Texten in den Evangelien, in denen Jesus auf die Zerstörung Jerusalems oder des Tempels im Jahr 70 n. Chr. verweist. Doch wenn wir annehmen, dass Jesus künftige Ereignisse voraussagen konnte, dann ist eines der großen Hindernisse für eine frühere Datierung aus dem Weg geräumt.

Die meisten Formen des modernen Judentums oder Agnostizismus sind Glaubenssysteme, die per definitionem die Darstellung Jesu in den Evangelien als der seit Langem prophezeite, Wunder wirkende Sohn Gottes, der letztlich von den Toten auferweckt wurde, ablehnen. Die oben angeführten Datierungen zeigen jedoch, dass auch Forscher, die nicht an Jesus als den Messias glauben, die Evangelien dennoch so datieren, dass sie noch zuverlässige Erinnerungen von Augenzeugen wiedergeben konnten. Wenn man für die Möglichkeit offen ist, dass die Darstellung der Identität Jesu in den Evangelien tatsächlich wahr ist, gibt es nur wenige gute Gründe, warum die Evangelien nicht noch wesentlich früher hätten geschrieben werden können.

Ich ziehe frühere Datierungen als die obigen vor, werde aber in diesem Buch nicht für bestimmte Datierungen der Evangelien argumentieren. Vielmehr lautet meine These, dass die Evangelien aus der ersten Generation der Christen stammen und dass dies gut zu den traditionellen Ansichten über ihre Verfasserschaft passt.

3

Kannten sich die Evangelisten wirklich aus?

Ob die Evangelien glaubwürdig sind, lässt sich unter anderem daran überprüfen, ob die Evangelisten mit der Zeit und den Orten vertraut waren, über die sie schrieben. Waren sie das nicht, zeigt das rasch, dass man ihnen historisch nicht trauen kann. Waren sie aber mit den damaligen Gegebenheiten vertraut, zeigt das allein noch nicht, dass alles zutrifft, was sie geschrieben haben. Es zeigt lediglich, dass die Verfasser genug wussten, um wahre Geschichten zu schreiben, und es widerspricht der Behauptung, sie seien von den Ereignissen zu weit weg gewesen, um verlässlich zu berichten.

Obwohl wir in einer Zeit leben, in der wir uns ganz einfach ausführlich über jeden Ort der Welt informieren können, bevor wir dorthin reisen, überraschen uns gewisse Aspekte der Geografie und Kultur anderer Orte doch immer wieder. Nun stellen Sie sich vor, Sie würden aufgefordert, eine Geschichte über Ereignisse zu schreiben, die sich irgendwo in weiter Ferne abgespielt haben, wo Sie noch nie gewesen sind, und Sie dürften das Internet nicht zur Recherche hinzuziehen. Selbst mit den großartigen Bibliotheken unserer Tage dürfte es Ihnen schwerfallen, alle Informationen zusammenzutragen, um eine detaillierte Geschichte zu schreiben, die sich für einen Ortskundigen stimmig anhören würde. Das liegt an den vielen Aspekten Ihres Schauplatzes, die Sie richtig darstellen müssten. Für eine authentische Geschichte reicht es nicht, wenn nur das meiste stimmt. Sie müssten sich mit der Architektur, Kultur, Wirtschaft, Geografie, Sprache, dem Gesetz, der Politik, Religion, Gesellschaft, dem Wetter usw. befassen. Sogar die Namen der Figuren in Ihrer Geschichte müssten für den historischen und geografischen Hintergrund Ihrer Erzählung plausibel sein. All das erfordert viel Mühe und ist keine einfache Arbeit.

In diesem Kapitel werden wir die Evangelien einigen Tests unterziehen, um herauszufinden, ob sie solche Kenntnisse über die Zeit und die Orte hatten, die sie beschreiben.

Der Geografie-Test

Bereits einfache Tabellen (3.1–4) mit allen in den Evangelien erwähnten Orten aus der Region Israel/Palästina und Umgebung lassen uns bis zu einem gewissen Grad erkennen, inwiefern die Evangelisten mit der Geografie ihrer Zeit vertraut waren.[40]

Tabelle 3.1 In den Evangelien erwähnte Städte und Dörfer

Städte	Mattäus	Markus	Lukas	Johannes
Änon				✓
Arimatäa	✓	✓	✓	✓
Bethanien	✓	✓	✓	✓
Betfage	✓	✓	✓	
Bethlehem	✓		✓	✓
Betsaida	✓	✓	✓	✓
Cäsarea Philippi	✓	✓		
Kana				✓
Kapernaum	✓	✓	✓	✓
Chorazin	✓		✓	
Dalmanuta		✓		
Emmaus			✓	
Ephraim				✓

Städte	Mattäus	Markus	Lukas	Johannes
Genezareth	✓	✓	✓	
Jericho	✓	✓	✓	
Jerusalem (oder Zion)	✓	✓	✓	✓
Magadan	✓			
Naïn			✓	
Nazareth	✓	✓	✓	✓
Rama	✓			
Salim				✓
Sidon	✓	✓	✓	
Sychar				✓
Tiberias				✓
Tyrus	✓	✓	✓	
Zarpat			✓	

Tabelle 3.2 In den Evangelien erwähnte Regionen

Regionen	Mattäus	Markus	Lukas	Johannes
Abilene			✓	
Dekapolis	✓	✓		
Ägypten	✓			
Galiläa	✓	✓	✓	✓
Idumäa		✓		
Ituräa			✓	
Judäa	✓	✓	✓	✓
Naftali	✓			
Samarien			✓	✓
Sidon			✓	
Syrien	✓		✓	
Trachonitis			✓	
Sebulon	✓			

Tabelle 3.3 In den Evangelien erwähnte Gewässer

Gewässer	Mattäus	Markus	Lukas	Johannes
Betesda				✓
Kidron				✓
Jordan	✓	✓	✓	✓
Schiloach	✓	✓		✓
See von Galiläa			✓	✓

Tabelle 3.4 In den Evangelien erwähnte andere Orte

Andere Orte*	Matthäus	Markus	Lukas	Johannes
Blutacker	✓			
Gabbata				✓
Getsemani	✓	✓		
Golgota/Schädelhöhe	✓	✓	✓	✓
Ölberg	✓	✓	✓	
Schaftor				✓
Säulenhalle Salomos				✓

*Ich habe das bei Matthäus, Markus und Johannes erwähnte Prätorium nicht berücksichtigt, weil es nicht eindeutig ein Eigenname ist.

Diese Listen *beweisen* natürlich nicht, dass die Evangelien nicht größtenteils fiktiv sind. Die Informationen in den Listen wären allerdings äußerst überraschend, wenn die Evangelisten in anderen Ländern wie Ägypten, Italien, Griechenland oder der Türkei gelebt und Geschichten über Jesus erfunden hätten. Die Listen sagen Folgendes aus:

1. Alle Autoren haben Kenntnisse über sehr bekannte, weniger bekannte und auch kaum bekannte Örtlichkeiten.
2. Kein Evangelist erlangte all sein Wissen von den anderen Evangelien, da jedes Evangelium einzigartige Informationen enthält.
3. Alle Autoren geben mehrere Arten von geografischen Informationen wieder.

Die vier Evangelisten waren offensichtlich mit der Geografie der Orte, über die sie schreiben, vertraut. Insgesamt erwähnen sie 26 Städte und Dörfer:[41] je 16 bei Matthäus und Lukas und jeweils 13 bei Markus und Johannes. Zu den genannten Namen gehören nicht nur bekannte Namen – wie Jerusalem, das religiöse Zentrum –, sondern auch kleinere Dörfer, wie Bethanien (alle vier Evangelien) und Betfage (Matthäus, Markus und Lukas). Bei Johannes stoßen wir auf eine Anzahl kleinerer Dörfer: Änon, Kana, Ephraim, Salim und Sychar.

Es lohnt sich, darüber nachzudenken, wie man zu solchem Wissen kommt. Im Prinzip geht das durch persönliche Erfahrung, durch Lesen oder durch Hören. Allerdings können die Evangelisten ihr Wissen *nicht nur durch Lesen* erlangt haben. Keine uns bekannte Quelle enthält genau die Informationen, die sie haben; und außerdem müssten wir davon ausgehen, dass sie eine in der damaligen Geschichte noch nie dagewesene Literarturforschung hätten betreiben müssen. Wenn diese Informationen durch *Hören* erlangt wurden, dann müssten die Berichte, die sie gehört haben, ziemlich präzise gewesen sein und nicht nur auf die Botschaft der Geschichten, sondern auch auf ihre konkreten Einzelheiten großen Wert gelegt haben. Die Autoren haben die Informationen daher entweder aus eigener *Erfahrung* oder durch das Hören *detaillierter Berichte* bezogen.

Wenn jemand geografische Details eingefügt hätte, um die Geschichte authentisch aussehen zu lassen, hätte er sehr gründlich zu Werke gehen müssen. Das entspricht überhaupt nicht dem Verhalten, das wir bei vier verschiedenen Autoren erwarten würden, die unabhängig voneinander schreiben. Wir können auch untersuchen, wie oft bestimmte Orte in den Erzählungen erwähnt werden (siehe Tabelle 3.5 auf der nächsten Seite). Diese Zahlen sind natürlich höher als die der individuellen Orte, da viele Orte mehrfach erwähnt werden.

Tabelle 3.5 In den Evangelien erwähnte andere Orte

Gewässer	Matthäus	Markus	Lukas	Johannes
Griechische Wörter insgesamt*	18 347	11 103	19 463	15 445
Städte und Dörfer	43	33	62	39
Regionen	32	16	29	25
Gewässer	9	6	3	8
Andere Orte	6	5	5	4
Orte insgesamt	90	60	99	76
Erwähnte Orte pro 1000 Wörter	4 905	5 404	5 087	4 921

*Statistik basiert auf *The Greek New Testament, Produced at Tyndale House, Cambridge* (Wheaton, IL: Crossway; Cambridge: Cambridge University Press, 2017), ohne Markus 16,9–20.

Auffallend ist, dass alle vier Evangelien trotz ihrer Unterschiede eine ähnliche Anzahl von Nennungen geografischer Orte enthalten. Natürlich könnten sowohl zuverlässige als auch unzuverlässige Berichte durchaus viel mehr oder viel weniger Nennungen aufweisen, als wir hier vorfinden. Man könnte nun behaupten, die Ähnlichkeit dieser Häufigkeiten unter den Evangelien rühre daher, dass die Evangelisten *sich bemüht hätten*, derlei Details mit einer bestimmten Häufigkeit zu nennen.[42] Das aber ergibt wenig Sinn. Denn die geografischen Namen, die sie erwähnen, unterscheiden sich nach ihren Arten. Dieses Muster lässt viel eher darauf schließen, dass die gleichmäßige Verteilung von Ortsnamen in den Evangelien daher rührt, dass die vier Schreiber *nicht* bewusst Namen eingestreut haben, um ihre Geschichten authentischer aussehen zu lassen. Es ist unwahrscheinlich, dass jeder der vier Evangelisten bewusst versucht hat, die Ortsnamen gleichmäßig zu verteilen. Vielmehr folgt die Verteilung der Ortsnamen genau dem Muster, das *unbewusst* entsteht, wenn man sie dann erwähnt, wenn sie für ihre geschichtliche Darstellung relevant sind. Ähnliche Häufigkeiten könnten sogar dafür sprechen, dass eine bestimmte Kultur oder ein Muster der geschichtlichen Darstellung allen Schreibern gemein war. Sie sind aber sicher nicht auf Absprache zurückzuführen.

Gewässer

Die vier Evangelisten wussten nicht nur die Namen von Städten und Orten. Sie wussten auch, wie diese zusammenhängen, und kannten sich auch mit der Topografie Palästinas aus.

Nehmen wir das Wort See. Laut den Evangelien verbrachte Jesus viel Zeit am See von Galiläa (auch *See Genezareth* genannt).

Matthäus verwendet das Wort *See* 16 Mal. In vier Fällen ist damit kein bestimmter See gemeint,[43] aber bei den anderen zwölf Stellen gibt es zumindest einen indirekten Bezug auf den See von Galiläa.[44] Die erste ausdrückliche Erwähnung ist in Matthäus 4,18, und auch später, nachdem Jesus zu den Städten Tyrus und Sidon an der Mittelmeerküste hinaufgeht, wird er *See von Galiläa* genannt (Matthäus 15,29). Ansonsten ist einfach von *dem See* die Rede.[45]

Markus verwendet das Wort *See* neunzehn Mal. Zwei Mal bezieht sich das Wort auf keinen bestimmten See (Markus 9,42; 11,23). Die erste Erwähnung bei Markus bezieht sich ausdrücklich auf den See von Galiläa (1,16). Wie bei Matthäus wird der See auch bei Markus ausdrücklich genannt, als Jesus von Tyrus über Sidon zum See von Galiläa zurückkehrt (Markus 7,31). Ansonsten heißt er einfach *der See*.[46] Das würden wir auch erwarten, wenn das Markusevangelium wirklich auf den Informationen beruht, die Markus von dem Fischer Petrus erhielt, für den dies *der* See schlechthin gewesen sein dürfte.

Bei Lukas verhält es sich etwas anders. Er verwendet das Wort *See* nur drei Mal. Mit dem griechischen Wort θάλασσα, das in den anderen Evangelien mit »See« übersetzt wird, meint Lukas das Meer. Das ergibt vor allem dann Sinn, wenn er tatsächlich, wie überliefert, aus dem mittelmeernahen Antiochia am Orontes stammte. Den See von Galiläa nennt er im Griechischen λίμνη, was ebenfalls mit »See« übersetzt wird.[47]

Johannes, der Überlieferung nach ein galiläischer Fischer, verwendet das Wort *See* neun Mal in zwei Szenen am See von Galiläa (Johannes 6 und 21). Die erste Erwähnung ist sehr detailliert – der »See von Galiläa, den man auch See von Tiberias nennt« (Johannes 6,1). Hier wird Tiberias, eine Stadt am Ufer des Sees, zur genaueren Bezeichnung angeführt. Später im selben Kapitel heißt er einfach *der See.*[48] Johannes spricht auch später, als der See in einem neuen Kontext erwähnt wird, vom *See von Tiberias* (Johannes 21,1) und spricht danach nur noch von *dem See* (Johannes 21,7). Johannes erwähnt auch den nur zeitweise wasserführenden Bach Kidron in der Nähe Jerusalems und zwei Teiche in Jerusalem, von denen einer fünf Säulenhallen hat, wie Johannes richtig angibt. (Wo wir bei Säulenhallen sind: Johannes kennt auch die Säulenhalle Salomos im Tempel.)

Die Evangelisten wissen auch, dass Betsaida und Kapernaum Städte am See von Galiläa sind (Matthäus 4,13; Markus 6,45). Matthäus und Markus wissen, dass man vom See von Galiläa direkt ins Hügelland gehen kann.[49] Matthäus, Markus und Lukas wissen, dass es eine judäische Wüste in der Nähe des Jordans gibt.[50]

Straßen und Reisen

Alle vier Evangelisten wissen, dass man nach Jerusalem (750 Meter über dem Meeresspiegel) *hinaufzieht.*[51] Markus und Lukas merken korrekt an, dass man von Jerusalem *hinabgeht*.[52] Das ist vielleicht nicht allzu bedeutend, da Hauptstädte typischerweise als höher liegend geschildert werden. Es gibt allerdings einige Stellen, wo wir den Eindruck bekommen, dass die Evangelisten sich ziemlich genau mit der Topografie des Landes auskennen. In Lukas 10,30–31 erzählt Jesus eine Geschichte, die folgendermaßen beginnt: »Ein Mann ging von Jerusalem nach Jericho *hinunter*. Unterwegs wurde er von Räubern überfallen. Sie nahmen ihm alles weg, schlugen ihn zusammen und ließen ihn halbtot liegen. Zufällig ging ein Priester den gleichen Weg *hinunter*. Er sah den Mann liegen und machte einen Bogen um ihn.« Jericho ist tatsächlich die am niedrigsten liegende Stadt der Erde; sie liegt 250 Meter unter dem Meeresspiegel. Die Reise von Jerusalem nach Jericho beinhaltet somit einen Höhenunterschied von ca. einem Kilometer. *Hinuntergehen* ist daher der absolut richtige Ausdruck. Der Abschnitt setzt auch eine direkte Straße zwischen Jerusalem und Jericho voraus, die es tatsächlich gibt.

In Johannes 2,12 wird die Reise von Kana in Galiläa nach Kapernaum als *hinuntergehen* bezeichnet. Genauso haben wir auch in Johannes 4 eine Geschichte von einem reichen Mann, der zu Jesus nach Kana kommt und ihn anfleht, nach Kapernaum *hinunterzukommen* und seinen Sohn zu heilen. Das Verb *hinuntergehen* wird oft verwendet, um die Reise von Kana nach Kapernaum zu beschreiben.[53] Die Lage Kanas ist umstritten, doch die am niedrigsten gelegene Kandidatin, Khirbet Kana, befindet sich auf 200 Metern Höhe, während Kapernaum 200 Meter *unter* dem Meeresspiegel liegt.[54] Genauso beschreibt Lukas 4,31 das Reisen von Nazareth (ca. 350 Meter über dem Meeresspiegel) nach Kapernaum als *hinabgehen*.

Eine recht genaue Ortskenntnis zeigt sich in den Jesus zugeschriebenen Worten in Lukas 10,13–15 (und in der Parallelstelle in Matthäus 11,21–23):

Weh dir, Chorazin! Weh dir, Betsaida! Wenn in Tyrus und Sidon die Wunder geschehen wären, die unter euch geschehen sind, sie hätten längst ihre Einstellung geändert, einen Trauersack angezogen und sich Asche auf den Kopf gestreut. Doch Tyrus und Sidon wird es im Gericht erträglicher ergehen als euch. Und du, Kafarnaum[55]*, meinst du etwa, du wirst zum Himmel erhoben werden? Nein, in die Hölle musst du hinunter.*

Jesus tadelt hier drei jüdische Städte oder Dörfer – Chorazin, Betsaida und Kapernaum – und kontrastiert die ersten beiden mit den nicht jüdischen Städten Tyrus und Sidon. Das relativ unbekannte Dorf Chorazin liegt tatsächlich *auf dem Weg nach Betsaida,* nur ein paar Kilometer nördlich von Kapernaum. Soweit wir wissen, gab es keine einzige Textquelle, die irgendeinem Evangelisten diese Information hätte liefern können.

Lukas und Johannes wissen beide, dass es zwei Routen zwischen Judäa und Galiläa gibt: die Route durchs samaritische Bergland und die indirekte Route durch das Jordantal, die einen Bogen um die Samariter-Gebiete macht. In Lukas 9,51–53 wird Jesus und seinen Jüngern der Durchzug durch Samarien verwehrt, als sie von Galiläa südwärts nach Judäa reisen. In Johannes 4,4 nimmt Jesus die Route Richtung Norden von Judäa durch Samarien nach Galiläa. Lukas beschreibt allerdings auch eine Reise über Jericho nach Jerusalem (Lukas 18,35) und dann durch die Dörfer Betfage und Bethanien (Lukas 19,29). Johannes schreibt, dass Jesus sich von Osten kommend über Bethanien auf seinen letzten Gang nach Jerusalem begibt (Johannes 12,1).

Die Informationen bei Lukas und Johannes stimmen damit überein, wie Matthäus und Markus Jesu letzten Gang nach Jerusalem schildern: Ihren Angaben zufolge ging er von Galiläa ins Ostjordanland (Matthäus 19,1; Markus 10,1) und näherte sich

Jerusalem von Jericho (Matthäus 20,29; Markus 10,46) und Betfage aus, welches sich laut der Erzählung auf dem Ölberg befindet (Matthäus 21,1; Markus 11,1).[56]

Gärten

Die Evangelisten erwähnen oft Details, die in keinem anderen Buch aufgezeichnet sind. Zwei Gärten werden konkret benannt: zum einen Getsemani, wo Jesus vor seiner Festnahme betete,[57] zum anderen ein Garten in der Nähe von Golgota, dem Ort der Kreuzigung Jesu.[58] Da es keine anderen überlieferten Aufzeichnungen dieser Ortsnamen aus der damaligen Zeit gibt, ist es unwahrscheinlich, dass die Evangelisten Zugang zu Geografiebüchern hatten, aus denen sie sich darüber hätten informieren können. Doch sie hätten diese Namen schwerlich erfinden können, denn deren spezielle sprachliche Formen lassen genaue Kenntnisse Judäas und seiner Sprachen erkennen. *Golgota* heißt laut den Evangelien »Schädel«[59], was gut zu dem passt, was man in aramäischen Dialekten vorfindet.[60] Spätestens seit dem dritten Jahrhundert wird Jesu Grab in der sogenannten Grabeskirche vermutet. Nach Meinung von Shimon Gibson, einem der führenden Experten zur Archäologie dieser Kirche, stimmt Johannes' Darstellung eines Gartens in der Nähe der Kreuzigungsstätte gut mit archäologischen Erkenntnissen überein.[61] *Getsemani* bedeutet »Olivenpresse« und befindet sich in der Erzählung passenderweise auf dem Ölberg, welcher in den Evangelien und vielen anderen Quellen erwähnt wird. Doch die Evangelisten machen nie auf die Bedeutung des Namens *Getsemani* aufmerksam oder darauf, wie genau der Name zum Ort passte. Sie wussten es einfach.

Was hat das zu bedeuten?

Ich behaupte nicht, die Kenntnis dieser geografischen Details sei ein Beweis, dass die Evangelien wahr sind. Jedoch ist es irrig zu meinen, sie hätten die Geschichte wegen mangelnder Informationen über geografische Details der Ereignisse falsch erzählt. Entweder die Evangelisten selbst oder die Menschen, mit denen sie ausführlich sprachen, konnten die Örtlichkeiten des Wirkens Jesu im Detail beschreiben. Aus den Werken etwa von Josephus, Philon oder Strabon, die den Evangelisten theoretisch zur Verfügung standen, hätten derartig ausführliche Ortskenntnisse nicht in die Evangelien einfließen können, und dass jeder Evangelist alle möglichen Textquellen nach Informationen durchforstete, die seine Geschichte authentisch klingen lassen würde, ist nicht plausibel.

Um es etwas positiver zu formulieren: Die Evangelien sind, verglichen mit anderen Quellen, nicht nur in ihrer Geografie genau; sie selbst sind wertvolle geografische Quellen. So bezweifelt beispielsweise kein Historiker die Existenz der Dekapolis, einer Gruppe von zehn oder mehr Städten, die sich insbesondere durch ihre größtenteils nicht jüdische Bevölkerung auszeichneten. Diese Städte werden zwar in den Werken des Josephus, Plinius des Älteren und Ptolemäus erwähnt, aber nach allgemein akzeptierter Datierung finden wir bei Markus die allererste Erwähnung der Dekapolis (Markus 5,20; 7,31; siehe auch Matthäus 4,25).[62]

Hieraus ergeben sich drei Schlussfolgerungen:

- Die Verfasser waren entweder selbst mit dem Land vertraut oder haben mit hoher Genauigkeit das aufgezeichnet, was von anderen Menschen berichtet wurde, die mit dem Land vertraut waren.
- Die Verfasser verfügten über die Kenntnisse, die wir von den Personen erwarten würden, die traditionell als Urheber der Evangelien gelten.
- Die daraus entstandenen Evangelien entsprechen nicht dem, was wir von Leuten erwarten würden, die die Geschichten erfunden haben, ohne vor Ort gewesen zu sein.

Kontrast zu späteren Evangelien – Geografie

Wir können diese geografischen Informationen auch im Vergleich mit anderen antiken Werken analysieren, die in der Antike oder von modernen Wissenschaftlern ebenfalls *Evangelien* genannt werden. Eines der bekanntesten ist das *Thomasevangelium,* das niemand Geringeres als die Deutsche Bibelgesellschaft am Ende ihrer Evangeliensynopse abdruckt, weil es einige Parallelen zu den Evangelien aufweist.[63] Ein Text, der durch Dan Browns *Sakrileg* bekannt wurde, war das *Philippusevangelium.* Dann gibt es auch noch das *Judasevangelium,* das im Jahr 2006 von der Zeitschrift *National Geographic* veröffentlicht wurde. All diese Evangelien wurden wahrscheinlich 50 bis 150 Jahre nach den vier Evangelien geschrieben und enthalten wesentlich weniger geografische Informationen.

Das *Thomasevangelium* erwähnt Judäa ein Mal, aber keinen anderen Ort. Das *Judasevangelium* erwähnt keine Orte. Das *Philippusevangelium* nennt Jerusalem (vier Mal), Nazara (ein Mal; eine anerkannte alternative Schreibweise für *Nazareth*) und den Jordan (ein Mal). Man beachte, wie kümmerlich das ist. Jerusalem war die berühmte religiöse Hauptstadt. Es bedurfte keiner besonderen Kenntnis, von ihr gehört zu haben. Der Jordan war der größte Fluss. Nazareth wurde berühmt durch Jesus, der oft *Jesus der Nazarener* oder *Jesus von Nazareth* genannt wurde. Das *Philippusevangelium* ist zwar noch das am wenigsten enttäuschende dieser Evangelien, doch nichts in diesen Texten vermittelt den Eindruck, dass die Verfasser mit den Orten vertraut waren, wo Jesus lebte oder die er besuchte.

Diese späteren Evangelien liefern uns allerdings sehr wohl hervorragende Kontrollbeispiele. Sie zeigen, dass Personen manchmal über Jesus schrieben, ohne näher zu wissen, was er tat. Der Kontrast zwischen den vier Evangelien (als Gruppe und individuell) und diesen anderen Evangelien macht die unterschiedliche Qualität dieser Quellen deutlich.

Personennamen

Eines der klarsten Anzeichen für die Vertrautheit der Evangelisten mit dem Kontext, über den sie schrieben, ist ihre Kenntnis der Personennamen.

Eine Reihe wissenschaftlicher Untersuchungen hat ergeben, dass in den verschiedenen jüdischen Regionen und Siedlungsgebieten im Römischen Reich etwas unterschiedliche Namensformen verbreitet waren. Und da die Juden über das ganze Reich verteilt waren, hatten die beliebtesten Namen unter den Juden außerhalb Palästinas wenig Bezug zu denen innerhalb Palästinas.[64] Richard Bauckham hat Diagramme für die relative Häufigkeit verschiedener jüdischer Personennamen in Palästina entworfen.[65] Dafür analysierte er eine Reihe von Quellen, darunter Josephus, die Schriftrollen vom Toten Meer, frühe rabbinische Texte und Ossuarien (Gebeinskästen). Der zeitliche Rahmen seiner Untersuchung reicht von 330 v. Chr. bis 200 n. Chr., doch die mit Abstand meisten Daten stammen aus der Zeit von 50 v. Chr. bis 135 n. Chr. Bauckham schließt ferner eindeutig fiktive Charaktere[66] aus seiner Untersuchung aus.

Für Juden in Palästina findet Bauckham »2 953 Erwähnungen von 521 verschiedenen Namen, darunter 447 Männernamen mit 2 625 Nennungen und 74 Frauennamen mit 328 Nennungen.«[67] Er listet auch die sechs beliebtesten jüdischen Namen in Palästina auf (siehe Tabelle 3.6 auf der gegenüberliegenden Seite).[68]

Tabelle 3.6 Beliebte jüdische Namen in Palästina

Name	Erwähnungen in allen Quellen*	Personen im NT mit diesem Namen
Simon	243	8
Josef	218	6
Eleasar (Lazarus)	166	1
Juda	164	5
Johanan	122	5
Josua	99	2

*Bauckham, *Jesus and the Eyewitnesses*, 70. Diese Zahlen schließen die Erwähnungen im Neuen Testament mit ein.

Wir können hier eine relativ klare Korrelation feststellen.[69] Bauckham zeigt auch, dass die anteilige Häufigkeit der Namen in den Evangelien und in der Apostelgeschichte, vor allem bei den männlichen Namen, für die es mehr Daten gibt, mit allen Datenquellen dieser Zeitperiode sehr weitgehend übereinstimmt, am deutlichsten, wenn wir uns die neun beliebtesten männlichen Namen ansehen, die in Tabelle 3.7[70] den größten Datensatz darstellen (siehe nächste Seite).

Tabelle 3.7 Namenskorrelationen nach Prozentanteilen pro Kategorie

	Juden in Palästina	Evangelien/ Apostelgeschichte
Männer mit den zwei beliebtesten Namen: *Simon* oder *Josef*	15,6 %	18,2 %
Männer mit einem der neun beliebtesten Namen	41,5 %	40,3 %
Frauen mit den zwei beliebtesten Namen: *Maria* oder *Salome*	28,6 %	38,9 %
Frauen mit einem der neun beliebtesten Namen	49,7 %	61,1 %

Zur Zeit des Neuen Testaments lebten viele Juden in Ägypten. In der großen Stadt Alexandria beispielsweise wurden zwei der fünf Stadtviertel wegen ihrer zahlreichen jüdischen Bewohner als *jüdisch* bezeichnet.[71] Allerdings hatten Juden in Ägypten laut Tabelle 3.8 nach Bauckham eine ganz andere Namensauswahl, wie dort gefundene jüdische Inschriften zeigen.[72]

Tabelle 3.8 Häufigkeit bestimmter jüdischer Namen in Ägypten und Palästina*

Name	Rang in Ägypten	Rang in Palästina
Eleasar	1	3
Sabbatäus	2	68=
Josef	3	2
Dositäus	4=	16
Pappus	4=	39=
Ptolemäus	6=	50=
Samuel	6=	23

*Ein »=« signalisiert, dass ein anderer Name denselben Rang aufweist

Ob in Libyen[73] oder in der Westtürkei[74] – die Auswahl der jüdischen Namen unterschied sich stark von der in Palästina. In Rom gab es ebenfalls viele Juden, doch im Gegensatz zu denen in Palästina hatten sie meist griechische oder lateinische Namen; nur ein kleiner Teil war hebräisch oder aramäisch.[75] Die örtlichen Namensverschiedenheiten sind vielfältig: Es gibt verschieden geläufige und seltene Namen bei Männern und Frauen und in verschiedenen Sprachen und sogar Namen, die in nur einer Region vorkommen.

Mit anderen Worten: Jemand, der in einem anderen Teil des Römischen Reiches wohnte, hätte nicht einfach die ihm bekannten jüdischen Namen nehmen, sie in eine Geschichte einsetzen und daraus plausible Namen für palästinensische Juden produzieren können.

Vereindeutigung

Des Weiteren betont Bauckham die Mehrdeutigkeit, die entsteht, wenn so viele Leute denselben Namen tragen, z. B. *Simon*. Er dokumentiert elf verschiedene Wege, um Mehrdeutigkeit zu vermeiden. Oft wurde einem Namen zur eindeutigen Zuordnung ein Element hinzugefügt, beispielsweise der Name des Vaters, der Beruf oder der Geburtsort.[76] Das finden wir auch in den Evangelien: Vereindeutigende Elemente tauchen eher bei den geläufigsten Namen auf als bei den weniger geläufigen.

Der häufigste Name für jüdische Männer in Palästina war *Simon*. Daher werden die verschiedenen Simons in den Evangelien oft mit vereindeutigenden Beinamen versehen, wie Simon *Petrus* (Markus 3,16), Simon *der Zelot* (Markus 3,18), Simon *der Aussätzige* (Markus 14,3) und Simon *aus Zyrene* (Markus 15,21) – bei dem es übrigens gut sein kann, dass man den Gebeinskasten seines Sohnes gefunden hat.[77] Ebenso war *Maria* der geläufigste Frauenname. Die Marias in den Evangelien werden daher auch näher bestimmt: Maria *aus Magdala* und Maria, *die Mutter von Jakobus und Josef* (Matthäus 27,56).

Diese detaillierte Kenntnis der gebräuchlichen Namen wirft ein Licht auf die Frage der Verfasserschaft der Evangelien. Ein ortsunkundiger Verfasser hätte die Personennamen wohl kaum so treffsicher ausgewählt. Die Evangelien stammen jedoch von vier verschiedenen Autoren, die es alle geschafft haben, uns eine glaubwürdige Auswahl jüdischer Namen aus Palästina zu präsentieren. Zudem haben sie die dort häufigsten Namen vereindeutigt, obwohl diese Namen außerhalb Palästinas nicht so zahlreich waren, dass es dieser Beinamen bedurft hätte.

Die bemerkenswerte Sorgfalt, mit der dies geschah, lässt sich anhand der Liste der Jünger im Matthäusevangelium erkennen. Ich habe den Rang in der Häufigkeitstabelle für männliche jüdische Namen aus Palästina (gemäß Bauckham) in Klammern angefügt:[78]

> *Die Namen der zwölf Apostel sind folgende: An erster Stelle Simon [1], der Petrus genannt wird, und sein Bruder Andreas [> 99], Jakobus [11] Ben-Zebedäus und sein Bruder Johannes [5], Philippus [61=] und Bartholomäus [50=], Thomas [> 99] und der Zöllner Matthäus [9], Jakobus [11] Ben-Alphäus und Thaddäus [39=], Simon [1], der zu den Zeloten gehört hatte, und Judas [4], der ein Sikarier gewesen war und Jesus später verraten hat. (Matthäus 10,2–4)*

Wir sehen sofort, dass die häufigeren Namen wie *Simon, Judas, Matthäus* und *Jakobus* vereindeutigende Elemente haben oder, wie bei *Johannes,* durch den Kontext (d. h. den Namen seines Vaters) vereindeutigt werden. Vereindeutigende Elemente werden für die elf beliebtesten Namen verwendet. Auf der anderen Seite haben wir einige Namen, die nach Bauckhams Rangliste der Häufigkeit gleichauf an 39. Stelle oder noch weiter unten stehen: *Thaddäus, Bartholomäus, Philippus* und *Thomas,* welcher noch nicht einmal zu den 99 geläufigsten Namen gehört.[79] Keiner dieser Namen wird irgendwie näher bestimmt. Die Namen sind also nicht nur authentisch palästinensisch, sondern sie werden auf eine Art und Weise vereindeutigt, wie es *in Palästina, aber nirgendwo sonst* erforderlich war. Daraus können wir schließen, dass diese Liste – wo auch immer das Matthäusevangelium geschrieben wurde – ihre jetzige Form höchstwahrscheinlich in Palästina annahm.

Kontrast zu späteren Evangelien – Namen

Hinsichtlich der Plausibilität der Eigennamen der erwähnten Personen heben sich die vier Evangelien deutlich von der kümmerlichen Bilanz der apokryphen Evangelien ab. Das *Thomasevangelium* aus dem zweiten Jahrhundert schneidet noch am besten ab. Es erwähnt *Jakobus den Gerechten, Jesus, Maria, Matthäus, Salome, Simon Petrus* und natürlich *Thomas.*[80] Das *Evangelium der Maria,* das auch aus dem zweiten Jahrhundert stammt, nennt ganze fünf Namen: *Andreas, Levi, Maria, Petrus* und *der Retter.* Obwohl *Maria* der häufigste Frauenname unter den palästinensischen Juden war, gibt das *Evangelium der Maria* keinerlei Auskunft darüber, welche der verschiedenen Marias dessen Autorin gewesen sein soll. Das Evangelium wurde zudem lange genug nach Christus geschrieben, dass es ihn nicht einmal mehr *Jesus* nannte. Der Titel *der Retter* ist offensichtlich ein späterer Ersatz.

Aus demselben Jahrhundert haben wir außerdem das *Judasevangelium.* Dieses enthält nur zwei Namen, die zu jüdischen Männern in Palästina passen: *Judas* und *Jesus!* Es führt allerdings viele Namen ein, die alle dem Wesen nach nicht palästinensisch sind und eine Sammlung teilweise verworrener Namenskombinationen aus der griechischen Bibel und damaliger Mystik zu sein scheinen:

Adam, Adamas, Adonaios, Barbelo, Eva = Zoe, Gabriel, Galila, Harmathoth, Michael, Nebro, Saklas, Seth, Sophia, Jaldabaoth und *Jobel.*

Vereindeutigung in direkter Rede

Die Namensvereindeutigung kommt nicht nur in Erzählungen, sondern auch in direkter Rede vor. Nehmen wir z. B. die Verweise auf Johannes den Täufer in Matthäus 14,1–11:

> *Um diese Zeit hörte auch Herodes Antipas, der Landesherr von Galiläa, was man über Jesus erzählte. »Das ist niemand anderes als Johannes der Täufer«, sagte er zu seinen Leuten. »Er ist von den Toten auferstanden, deshalb gehen solche Kräfte von ihm aus.« Herodes hatte Johannes nämlich festnehmen und gefesselt ins Gefängnis bringen lassen. Schuld daran war Herodias, die Frau seines Stiefbruders Philippus, denn Johannes hatte ihm gesagt: »Es ist gegen das Recht, dass du sie hast.« Herodes hätte ihn am liebsten umgebracht, fürchtete aber das Volk, das Johannes für einen Propheten hielt. Die Gelegenheit kam, als Herodes Geburtstag hatte. Dabei trat die Tochter der Herodias vor den Gästen als Tänzerin auf. Sie gefiel Herodes so gut, dass er unter Eid versprach, ihr alles zu geben, was sie sich wünschte. Da sagte sie, von ihrer Mutter angestiftet: »Ich will, dass du mir hier auf einer Schale den Kopf von Johannes dem Täufer überreichst.« Der König war bestürzt, aber weil er vor allen Gästen einen Eid abgelegt hatte, befahl er, ihr den Wunsch zu erfüllen, und ließ Johannes im Gefängnis enthaupten. Sein Kopf wurde auf einer Schale hereingebracht und dem Mädchen übergeben, das ihn seiner Mutter weiterreichte.*

In diesem Abschnitt wird Johannes der Täufer fünf Mal erwähnt. Zweimal wird er *Johannes der Täufer* genannt und dreimal *Johannes.* Der Erzähler verwendet den Namen *Johannes,* während die Figuren in der Erzählung *Johannes der Täufer* verwenden. Dahinter steckt eine gewisse Logik. Wenn Herodes wirklich von Jesus gehört und zu seinen Hofangestellten »Das ist niemand anderes als Johannes« gesagt hätte, dann wäre ihre natürliche Reaktion gewesen: »Welcher Johannes?« Laut Bauckham war das der fünfthäufigste Name in Palästina. Herodes musste also genauere Angaben dazu machen, welchen Johannes er meinte. Matthäus berichtet, wie zu erwarten, dass der Landesherr genau das tat (14,2). In den Versen 3 und 4 ist die Identität der angesprochenen Person jedoch bereits klar. Es ist daher ausreichend, wenn der Erzähler einfach von *Johannes* spricht. In Vers 8 heißt es dann, dass Herodias' Tochter das Versprechen des Herodes, ihr einen besonderen Wunsch zu erfüllen, mit der Bitte um den Kopf von Johannes dem Täufer beantwortet. Hier nennt sie seinen vollständigen Namen: *Johannes der Täufer.* Stellen Sie sich vor, sie hätte das nicht getan! Wie hätte man wissen sollen, welcher Johannes geköpft werden sollte? In Vers 10 berichtet der Erzähler dann ganz folgerichtig, dass Herodes *Johannes* enthaupten ließ.

Wir sehen also, dass hier Erzähler und Figuren klar unterschieden werden. Die Figuren sprechen genau so, wie sie es in diesem Kontext hätten tun müssen, um klar verstanden zu werden. Dafür gibt es zwei einfache Erklärungen: Entweder berichtet der Schreiber den genauen Wortlaut der Personen, oder er war so intelligent, dass er imitieren konnte, wie die Leute in diesem historischen Kontext *gesprochen hätten.* In jedem Fall muss der Autor über detailliertes Wissen über die kulturelle Situation verfügt haben, über die er schrieb.

Der Name Jesus

Eine weitere Illustration desselben Phänomens hat mit dem Namen *Jesus* zu tun. Er ist eine alternative Form des alttestamentlichen Namens *Josua* und war laut Bauckham der sechst- oder siebthäufigste palästinensisch-jüdische Männername.[81] Als beliebter Name hätte er ohne angemessene kontextuelle Erläuterungen offensichtlich die Frage »Welcher Jesus?« aufgeworfen. Nachdem sich das Christentum aber ausgebreitet hatte, wäre dies nicht mehr der Fall gewesen. Jesus war berühmt. Der Name *Jesus* erlebte nämlich eine Transformation, so ähnlich wie der unselige Name *Adolf*. Eine beiläufige Erwähnung dieses Namens in Deutschland im Jahr 1900 hätte die Frage »Welcher Adolf?« zur Folge gehabt. Es gab viele. Doch im Jahr 1945 hätte man bei Erwähnung des Namens sofort an Adolf Hitler gedacht.

So schlecht erging es dem Namen *Jesus* nicht, doch die Analogie bleibt bestehen: Im Jahr 30 n. Chr. war dies ein gebräuchlicher und unauffälliger Name für einen Juden in Palästina. Doch mit der Zeit wurde er immer mehr mit *einer* Person in Verbindung gebracht und für andere immer seltener verwendet.[82] Wie wir jedoch sehen werden, verwenden alle Evangelien den Namen *Jesus* als einen Namen, der manchmal einer genaueren Beschreibung bedarf.

Matthäus. Wir beginnen mit dem Abschnitt, in dem Matthäus den Namen *Jesus* zum ersten Mal in direkter Rede erwähnt. In diesem Fall wird die Rede einer Menschenmenge zugeschrieben:

> *Die beiden machten sich auf den Weg und führten alles so aus, wie Jesus es ihnen aufgetragen hatte. Sie brachten die Eselin und das Fohlen. Dann legten sie ihre Umhänge über die Tiere, und er setzte sich auf das Fohlen. Sehr viele Menschen breiteten jetzt ihre Umhänge auf dem Weg aus, andere hieben Zweige von den Bäumen ab und legten sie*

auf den Weg. Die Leute, die vorausliefen, und auch die, die Jesus folgten, riefen: »Hosianna dem Sohn Davids! Gesegnet sei er, der kommt im Namen des Herrn! Hosianna, Gott in der Höhe!« Als Jesus in Jerusalem einzog, ging es wie ein Beben durch die ganze Stadt, und man fragte: »Wer ist das?« Die Menge, die Jesus begleitete, antwortete: »Das ist der Prophet, es ist Jesus aus Nazareth in Galiläa.«

Jesus ging in den Tempel und fing an, die Händler und die Leute, die bei ihnen kauften, hinauszujagen. Die Tische der Geldwechsler und die Sitze der Taubenverkäufer stieß er um […]. (Matthäus 21,6–12)

Wie wir sehen, kann der Erzähler ihn einfach *Jesus* nennen, was im Kontext des Buches ganz unmissverständlich ist. Die Menge kann allerdings nicht einfach »Das ist Jesus« sagen. Das wäre nicht eindeutig gewesen. Sie macht also kenntlich, um wen es sich handelt, indem sie seinen Geburtsort angibt. Genau so muss es gewesen sein, wenn das Ereignis wirklich stattgefunden hat.

Betrachten wir nun die Ausführungen in Matthäus 26:

Aber Jesus schwieg. Darauf fragte ihn der Hohe Priester noch einmal: »Ich beschwöre dich bei dem lebendigen Gott: Bist du der Messias, der Sohn Gottes, oder nicht?« »Ich bin es!«, erwiderte Jesus. »Doch ich sage euch: In Zukunft werdet ihr den Menschensohn sehen, wie er an der rechten Seite des Allmächtigen sitzt und wie er mit den Wolken des Himmels kommt.« Da riss der Hohe Priester sein Gewand am Halssaum ein und rief: »Er hat gelästert! Was brauchen wir noch Zeugen? Jetzt habt ihr die Gotteslästerung gehört! Was ist eure Meinung?« – »Schuldig!«, riefen sie. »Er muss sterben!« Dann spuckten sie Jesus ins

Gesicht und schlugen ihn mit Fäusten. Andere gaben ihm Ohrfeigen und höhnten: »Na, wer war es, Messias? Du bist doch ein Prophet!«

Während Petrus noch draußen im Hof saß, kam eine Dienerin auf ihn zu und sagte: »Du warst doch auch mit dem Jesus aus Galiläa zusammen!« Aber Petrus stritt es vor allen ab. »Ich weiß nicht, wovon du redest!«, sagte er und ging zum Torgebäude hinaus. Dabei sah ihn eine andere Dienerin und sagte zu denen, die herumstanden: »Der war auch mit dem Jesus aus Nazareth zusammen.« Wieder stritt Petrus das ab und schwor: »Ich kenne den Mann überhaupt nicht!« Kurz darauf fingen auch die Umstehenden an: »Sicher gehörst du zu ihnen, dein Dialekt verrät dich ja.« Da fing Petrus an zu fluchen und schwor: »Ich kenne den Mann nicht!« In diesem Augenblick krähte ein Hahn. Da erinnerte sich Petrus an das, was Jesus zu ihm gesagt hatte: »Bevor der Hahn kräht, wirst du mich dreimal verleugnen.« Und er ging hinaus und fing an, bitterlich zu weinen. (26,63–75)

Der Gegensatz besteht hier zwischen dem einfachen Namen *Jesus*, den der Erzähler in den Versen 63, 64 und 75 verwendet, und dem längeren Namen, den zwei verschiedene Dienerinnen im Hof außerhalb des Gebäudes verwenden, in dem Jesus von dem Hohepriester verhört wurde. Die Frauen bezichtigen Petrus zu Recht, einer der Nachfolger Jesu zu sein, doch es hätte nicht genügt, wenn sie nur »Du warst doch mit Jesus zusammen« gesagt hätten, denn aller Wahrscheinlichkeit nach hätte es im Amtssitz des Hohepriesters mehr als nur einen Jesus gegeben.

Wenn wir in Matthäus weiterlesen, stoßen wir auf Pilatus, der die Menschenmenge in 27,17 fragt: »Wen soll ich euch losgeben – Jesus Barabbas oder Jesus, den man den Messias nennt?«[83]

Dann fragt er wieder in 27,22: »Was soll ich dann mit Jesus tun, der Messias genannt wird?« Von der Inschrift über Jesu Kreuz heißt es, dass da geschrieben stand: »Das ist Jesus, der König der Juden« (27,37), und der Engel, der die Frauen antrifft, die Jesu Grab aufsuchen, sagt: »Ich weiß, ihr sucht Jesus, den Gekreuzigten« (28,5). In jedem dieser Fälle wird *Jesus* vereindeutigt.

Markus. Dasselbe gilt für das Markusevangelium: In direkter Rede wird der Name *Jesus* disambiguiert, aber sonst für gewöhnlich nicht. Dämonen fragen: »Was willst du von uns, *Jesus von Nazareth?*« (1,24) Die Dienerin sagt zu Petrus: »Du warst doch auch mit dem *Jesus aus Nazareth* zusammen!« (14,67) Und der junge Mann in weißem Gewand (d.h. der Engel) sagt zu den Frauen am Grab: »Ihr sucht Jesus von Nazareth« (16,6). In einem besonders interessanten Beispiel befindet sich ein klarstellendes Element sowohl außerhalb als auch innerhalb direkter Rede. In Bezug auf den blinden Bettler Bartimäus sagt Markus: »Er hörte, dass es *Jesus von Nazareth* war, der da vorbeizog, und fing an zu rufen: ›*Jesus, Sohn Davids*‹« (10,47). Das klarstellende Element wird hier außerhalb der direkten Rede verwendet, weil die Erzählung hier wiedergibt, was der blinde Mann *hörte.* Einfach zu sagen, dass jemand mit einem geläufigen Männernamen vorbeizog, wäre keine Erklärung dafür, warum der Bettler anfing zu rufen.

Lukas. Dasselbe Muster der Verwendung disambiguierender Elemente mit dem Namen *Jesus* kommt bei Lukas in direkter Rede vor:

- »Jesus von Nazareth« (4,34)
- »Jesus, Sohn Gottes, du Sohn des Allerhöchsten« (8,28)
- »Jesus, Herr« (17,13)
- »Jesus von Nazareth« (24,19)

Dasselbe Phänomen wie in Markus 10,47 finden wir auch in Lukas' Erzählung über den blinden Bettler: »›*Jesus von Nazareth* kommt vorbei‹, erklärte man ihm. Da fing er an zu rufen: ›*Jesus, Sohn Davids,* hab Erbarmen mit mir‹« (Lukas 18,37–38). Wieder gilt: Wenn das Ereignis wirklich stattgefunden hat, war es unbedingt notwendig klarzustellen, *welcher* Jesus gemeint war.

Bei Lukas scheint es aber eine Ausnahme zu geben: In einem Fall wird *Jesus* in direkter Rede nicht vereindeutigt. Der Schächer am Kreuz neben Jesus dreht sich zu ihm und sagt: »Jesus, denk an mich« (Lukas 23,42). Dass es hier kein klarstellendes Element gibt, ist nicht problematisch, weil diese Worte nicht in einem typischen Menschenmengen-Szenario gesprochen werden. Hier spricht ein Gekreuzigter persönlich zu Jesus; jedes Wort muss ihn enorm viel Kraft gekostet haben.

Johannes. Auch bei Johannes finden wir dasselbe Muster. In direkter Rede wird vereindeutigt:

- »Jesus aus Nazareth, ein Sohn von Josef« (1,45)
- »Jesus, der Sohn Josefs« (6,42)
- »Jesus von Nazareth« (18,5)
- »Jesus von Nazareth« (18,7)

Ebenso steht auf der Inschrift über dem Kreuz: »Jesus von Nazareth, König der Juden« (19,19). Es gibt allerdings eine Ausnahme im Johannesevangelium. In 9,11 wird der blind geborene Mann, den Jesus geheilt hatte, gefragt, wer ihn geheilt hat. Er antwortet darauf einfach: »Der Mann, der *Jesus* heißt.« Doch selbst diese einfache Beschreibung stützt das Muster. Diejenigen, die mit dem Schreibstil dieses Evangeliums am besten vertraut sind, glauben, dass hier die Unwissenheit des Mannes dargestellt wird. Dass er Jesus nur als Mann mit geläufigem Namen identifizieren kann und nicht mehr über ihn weiß, passt genau dazu, dass er zu diesem Zeitpunkt nur sehr wenig weiß, obwohl er bald schon mehr erfährt.[84]

Was Namen uns sagen

Namen haben die besondere Eigenschaft, dass man sie sich oft schlecht merken kann. Das überrascht kaum, da die meisten Personennamen relativ willkürlich vergeben werden. Es gibt meist keinen nennenswerten Grund, warum eine Person einen der unzähligen Namen bekommen sollte, die in einer bestimmten Kultur geläufig sind. Daher vergessen wir Namen oft, auch wenn wir uns gleichzeitig viele andere Dinge über andere merken können. An Details unserer letzten Unterhaltung mit einem bestimmten Menschen können wir uns meistens erinnern, aber weniger an dessen Namen. Wir schauen Filme und erinnern uns an die Figuren darin und was sie taten, vergessen aber oft deren Namen. Geschichten als zusammenhängende Geflechte sind einprägsamer als Namen, die häufig nur eine willkürliche Bezeichnung sind.

Das hat Konsequenzen für die *Qualität* der Informationen, die wir in den Evangelien finden. Wir haben bereits gesehen, dass alle Indizien übereinstimmend dafür sprechen, dass die Evangelisten sehr gut mit den geografischen Gegebenheiten vertraut waren, über die sie schrieben. Ihre Kenntnis der in der Gegend gebräuchlichen Personennamen unterstreicht das. Ein Autor, der nicht selbst im Lande lebte, wäre wohl kaum in der Lage gewesen, die lokal verbreiteten Eigennamen zu recherchieren, um eine plausible Geschichte zu erzählen. Dass gleich *vier* Autoren dieses Kunststück vollbracht hätten, ist mehr als unwahrscheinlich. Jeder von ihnen erwähnt ja Namen, die bei den anderen drei nicht zu finden sind.

Aber nehmen wir einmal an, die Evangelisten *waren* in Palästina einheimisch, kannten sie sich mit den üblichen Personennamen in der Region aus und haben die Namen für ihre Geschichte dementsprechend erfunden. Selbst dann würden wir kaum erwarten, bei einem Vergleich der Werke der vier Verfasser die Häufigkeit der Namen genau in den Proportionen vorzufinden, wie sie damals vor Ort verwendet wurden.

Es überrascht uns doch immer wieder, wenn wir eine Liste mit den heute geläufigen Namen sehen. Das liegt daran, dass unsere Vorstellung dessen, welche die geläufigsten Namen sind, auf der relativ kleinen Menge an Leuten basiert, mit denen wir zu tun haben. Die Intuition eines einzigen Autors, der über Information über die Region verfügte, würde kaum ausreichen, realistische Namen für fiktive Figuren zu vergeben. Dass vier solche Schreiber das geschafft haben sollen, ist noch unwahrscheinlicher.

Die mit Abstand einfachste Erklärung dafür, dass die Evangelisten sich in ihren Erzählungen eines authentischen Namensmusters bedienen konnten, ist die, dass sie die tatsächlichen Namen der Leute zuverlässig wiedergaben. Da man sich Namen zudem schlecht merken kann, lässt das authentische Namensmuster in den Evangelien vermuten, dass ihr Zeugnis von *hoher Qualität* ist. Wenn sie sich schon die *weniger* einprägsamen Details korrekt gemerkt haben – nämlich die Namen von Einzelpersonen –, dann dürfte es ihnen noch weniger Mühe gemacht haben, sich an die wichtigeren Ereignisse zu erinnern.

Ich habe schon oft gehört, wie die Überlieferung der Geschichten über Jesus mit dem Spiel verglichen wurde, das die Amerikaner *Telephone Game* nennen und das im deutschsprachigen Raum meist *Stille Post* genannt wird. Der Witz des Spiels liegt darin, wie sehr eine Botschaft verfälscht wird, wenn man sie innerhalb einer Gruppe von Leuten einander zuflüstert. Genau diese einfache Verfälschung der Botschaft führt Bart Ehrman an, wenn er fragt:

> *Was, denken Sie, ist mit den Geschichten [über Jesus] mit den Jahren passiert, als sie immer wieder erzählt*

wurden, und zwar nicht als bloße Nachrichten von Augenzeugen, sondern als Propaganda, die Leute zum christlichen Glauben bekehren sollte? Sie wurde von Menschen weitergegeben, die es ja selbst aus fünfter oder sechster oder neunzehnter Hand gehört hatten. Haben Sie oder Ihre Kinder jemals auf einer Geburtstagsfeier Stille Post gespielt?[85]

Diese Analogie zieht allerdings nicht. Schließlich ist dieses Spiel *darauf ausgelegt, dass die Botschaft verzerrt wird.* Deswegen gibt es ja die Regeln, dass man flüstern muss, dass man die Botschaft nur einmal und nur an eine Person weitergeben darf und dass genügend Leute mitspielen müssen, um sicherzustellen, dass die Botschaft verfälscht wird.

Der Gegensatz zu den Umständen der zuverlässigen Informationsweitergabe in den Evangelien könnte nicht größer sein. Nicht nur die Namen der Leute und der Orte sind authentisch – was zeigt, dass sie nicht über mehrere unzuverlässige Überlieferungsstufen gelaufen sein können –, sondern schon die Bedingungen des frühen Christentums waren nicht dazu angetan, Informationen zu verfälschen: Man legte hohen Wert auf die Wahrheit, es gab ein starkes Bewusstsein vollmächtiger Lehre, die Nachfolger Jesu waren geografisch weit verbreitet, und ihre Nachfolge kostete sie sehr viel. Ein plausibles Szenario für eine versehentliche Verfälschung gab es schlichtweg nicht. Dagegen erklärt die Ansicht, dass hier verlässliche Informationen weitergegeben wurden, den Befund viel einfacher.

Weitere Anzeichen für Wissen aus erster Hand

Zusätzlich zum breit gefächerten Wissen über Geografie und Personennamen zeigen viele weitere Merkmale, dass sich die Evangelisten tatsächlich auskannten, was uns wiederum einige Hinweise auf ihre Identität liefert. Hier ein paar Beispiele.

Die Evangelien sind jüdisch

Die Fachleute sind sich in vielen Fragen über die Evangelien uneinig, aber in einem scheinen sich beinahe alle einig zu sein – die Evangelien sind jüdisch.

Das Matthäusevangelium enthält neben einem 16 Verse langen Stammbaum, der vom Stil her eher alttestamentlich ist, ca. 55 Zitate aus den jüdischen Schriften[86] und befasst sich durchgehend mit jüdischen Sitten und Debatten, der jüdischen Sprache und Politik.

Markus beginnt mit einem Zitat aus dem Alten Testament (1,2–3) und enthält eine fünfteilige Geschichtenreihe, die im Wesentlichen kontrovers geführte jüdische Debatten wiedergibt: wer Sünden vergeben kann, mit wem man essen darf, über das Fasten und (zwei Erzählungen) über den Sabbat (2,1–3,6). Bei den großen Reden Jesu geht es um Gleichnisse (Kapitel 4), Ausführungen über Unreinheit (Kapitel 7) und das Ende des Zeitalters (Kapitel 13). Mit anderen Worten: ein jüdisches Genre, jüdische Interessen und ein Text voller jüdisch-apokalyptischer Sprache.[87]

Johannes beginnt mit denselben zwei Wörtern wie die älteste griechische Übersetzung des Alten Testaments und einer Einleitung, die dem Anfangskapitel der Bibel sehr ähnlich ist. Johannes weiß auch von den charakteristischen Wasserkrügen aus Stein für die zeremoniellen Waschungen der Juden (Johannes 2,6).[88]

Das wohl *am wenigsten* jüdische Evangelium ist Lukas, doch finden wir auch darin auffallend genaue Kenntnisse über das jüdische Denken. In Jesu Disput mit dem Teufel (Lukas 4,9–12; auch in Matthäus 4,5–7) geht es beispielsweise um die korrekte Interpretation von Psalm 91. Eine der Schriftrollen vom Toten Meer (*11Q11* genannt), die aufzeigt, dass dieser Psalm insbesondere zur

Austreibung von Dämonen verwendet wurde, vertieft unser Verständnis dieses Vorgangs. Lukas hat etwas aufgezeichnet, das exakt zum damaligen Judentum passt.[89] Außerdem beweist er seine Kenntnisse jüdischen Denkens dadurch, dass er als einziger Evangelist die Worte festhält, die Jesus kurz vor seinem Tod ausrief (Lukas 23,46): »Vater, in deine Hände gebe ich meinen Geist!« Das ist ein direktes Zitat aus Psalm 31,5, den R. Steven Notley »das traditionelle Sterbebettgebet eines frommen Juden«[90] nennt.

Schlussfolgerungen für die Datierung der Evangelien

Das Christentum begann als ein Zweig des Judentums – die ersten Christen waren allesamt Juden. Allerdings wurden innerhalb weniger Jahrzehnte Nichtjuden in großer Zahl Christen. Christliche und nichtchristliche Quellen stimmen darin überein, dass das Christentum rasch wuchs.

Es war kein Wunder, dass der jüdische Ursprung des Christentums allmählich immer mehr in Vergessenheit geriet. Über den zeitlichen Ablauf dieses Vorgangs streiten sich die Gelehrten, doch es besteht kein Zweifel daran, dass Christentum und Judentum bald getrennte Wege gingen. Allgemein gilt: Je später ein christlicher Text verfasst wurde, desto weniger ähnelt er anderen Formen des Judentums. Wenn wir Texte vor uns haben, von denen wir wissen, dass sie aus dem zweiten oder einem noch späteren Jahrhundert kommen, dann sehen diese eindeutig weniger jüdisch aus als die vier Evangelien. Zum Beispiel können wir die vier Evangelien mit dem *Thomasevangelium* vergleichen, das aus der Mitte des zweiten Jahrhunderts stammt. So wie andere Schriften aus dieser Epoche enthält das *Thomasevangelium* nur wenige jüdische Elemente.[91]

Die starke jüdische Färbung der vier Evangelien ist am ehesten darauf zurückzuführen, dass sie früh geschrieben wurden und frühchristliches Gedankengut enthalten. *Früh* ist hier zwar ein relativer Begriff, doch muss sich nach dem Krieg zwischen Juden und Römern (66–73 n. Chr.) ein immenser Wandel im Judentum vollzogen haben; der Krieg richtete die jüdische Bevölkerung Judäas und Galiläas zugrunde und führte zur Zerstörung des Jerusalemer Tempels und zum Ende Jerusalems als Hauptstadt des Judentums. Die Forschung ist uneinig darüber, ob die Evangelien vor oder nach der Zerstörung Jerusalems im Jahr 70 n. Chr. zu datieren sind, doch haben wir bereits gesehen, dass viele Forscher davon ausgehen, dass Matthäus und Lukas nach der Zerstörung Jerusalems geschrieben wurden, während das Markusevangelium von manchen in den Jahren vor dem Krieg und von anderen in den Jahren danach angesiedelt wird.

Ein Grund dafür, dass die Forschung dazu neigt, Matthäus, Markus oder Lukas nach 70 n. Chr. zu datieren, ist der, dass Jesus in diesen Evangelien von der Zerstörung des Jerusalemer Tempels und damit verbundenen Ereignissen spricht (Matthäus 24,2; Markus 13,2; Lukas 21,6.20.24). Wenn man nicht an übernatürliche Voraussagen glaubt, muss man diese Verweise offensichtlich auf eine Zeit datieren, in der die Zerstörung des Tempels entweder absehbar oder bereits geschehen war. Doch wenn wir die Möglichkeit übernatürlicher Voraussagen zulassen, sind wir nicht so eingeschränkt.

Man könnte es so sagen: Die vier Evangelien sind in ihrer Sichtweise, ihren Themen und ihren Details so stark jüdisch eingefärbt, dass es durchaus vernünftig wäre, sie deutlich früher als den jüdischen Krieg zu datieren.

Nun will ich nicht behaupten, alle Evangelien seien vor diesem Datum geschrieben worden – oder auch nur eines von ihnen. Meine These ist, dass die Auswahl möglicher Datierungen und die Bandbreite möglicher Wechselbeziehungen klar für ihre Zuverlässigkeit sprechen. Der jüdische Charakter der Texte spricht für frühere Datierungen – zumindest in Bezug auf den Inhalt. Selbst wenn wir also sagen, dass die Evangelien aus dem späten ersten Jahrhundert stammen, so ist doch ihr Material auf jeden Fall älter.

Begriffe aus der Botanik

Die Evangelien erwähnen auch eine ganze Reihe botanischer Begriffe, von denen viele zum gesamten Mittelmeerraum passen. Feigen, Weinstöcke und Weizen wuchsen in jedem Land und helfen uns nicht dabei, den Kontext der Erzählungen genauer festzulegen. Doch wenn Jesus etwa den Pharisäern vorhält, sie gäben sogar den Zehnten von ihrer Gartenminze, ihrem Dill und ihrem Kümmel (Matthäus 23,23), spiegelt das Kenntnisse rabbinischer Debatten über das Abtreten des Zehnten von Dill und Kümmel wider.[92]

Auffallend ist auch Lukas' Aussage, dass der Zolleinnehmer Zachäus auf einen Maulbeerfeigenbaum in Jericho kletterte (Lukas 19,4). Die infrage kommende Spezies, *Ficus sycomorus*, wuchs nicht in Ländern im nördlichen Mittelmeerraum (Italien, Griechenland, Türkei); in diesen Ländern gibt es keine natürlichen Bestäuber für diese Pflanze.[93] Doch dieser Baum war laut Rabbi Abba Shaul (zweites Jahrhundert) ein charakteristisches Merkmal Jerichos.[94] Woher wusste der Autor, dass es in Jericho Maulbeerfeigenbäume gab? Die offensichtliche Antwort ist, dass er entweder dort gewesen war oder mit einem Ortskundigen gesprochen hatte.

Geld

Laut Matthäus und Markus gab es in Kapernaum eine ganze Gruppe von Zolleinnehmern (Matthäus 9,9–10; Markus 2,14–15). Was in keinem Evangelium erwähnt wird, ist, dass Kapernaum mit seiner strategischen Lage am Nordende des Sees Genezareth ein wichtiger Zollplatz für Güter war, die die Grenze der Ländereien des Herodes Antipas überquerten. Außerdem erwähnt Lukas, dass Zachäus der *oberste Zolleinnehmer* in Jericho war

(Lukas 19,2). Nicht nur der Maulbeerfeigenbaum passt ins Bild; Jericho war auch die bedeutendste Stadt auf Pontius Pilatus' Seite, westlich der Grenze zwischen Judäa und Peräa, dem Gebiet von Herodes Antipas. Matthäus und Markus auf der einen Seite und Lukas auf der anderen haben also unabhängig voneinander *verschiedene* Ereignisse mit Zolleinnehmern in *verschiedenen* Grenzstädten aufgezeichnet. Die Evangelien zeugen von Kenntnissen des damaligen Steuersystems.

Matthäus selbst wird in der Überlieferung als *Zolleinnehmer* bezeichnet, und tatsächlich zeigt das Matthäusevangelium größtes Interesse an finanziellen Details, einschließlich zahlreicher Verweise auf Geld und kostbare Güter, die man nur bei Matthäus findet:

- Die Sterndeuter mit ihren wertvollen Geschenken (2,11)
- Das Gleichnis vom vergrabenen Schatz (13,44)
- Das Gleichnis von der Perle (13,45–46)
- Der Vergleich des Gesetzeslehrers mit jemandem, der aus seinem Schatz Altes und Neues hervorholt (13,52)
- Der Bericht über Petrus und die Beauftragten für die Tempelsteuer (17,24–27)
- Das Gleichnis vom Diener, dem eine riesige Schuld in Höhe von 10 000 Talenten erlassen wurde und der sich dann weigerte, einem anderen Diener eine Schuld von 100 Denaren zu erlassen (18,23–35)
- Das Gleichnis von den Arbeitern im Weinberg, die mit ihrer Bezahlung von einem Denar für einen Tag unzufrieden waren, weil später dazugekommene Arbeiter, die weniger arbeiteten, dasselbe verdienten (20,1–16)
- Das Gleichnis von den Talenten (25,14–30)[95]
- Das Geld, das Judas für seinen Verrat an Jesus bekam (27,3), und was damit gekauft wurde (27,7)

- Das Bestechungsgeld, das die Hohepriester den Wachen am Grab bezahlten (28,12)

Matthäus und Markus erwähnen zudem beide den Begriff *Korban* (Matthäus 27,6;[96] Markus 7,11), das Gelübde, Geld für den Tempel zu geben. Doch sie berichten von unterschiedlichen Ereignissen: Bei Matthäus wird eine Aussage der Hohepriester wiedergegeben, bei Markus zitiert Jesus andere Personen. Und die beiden Evangelien schreiben das Wort sogar anders und belegen damit, dass sie den Begriff unabhängig voneinander kannten.[97]

Lokale Sprachen

Es gibt Belege dafür, dass zur Zeit Jesu in Palästina Griechisch, Hebräisch und Aramäisch gesprochen wurde. Wie viele Menschen diese verschiedenen Sprachen jeweils beherrschten und wie verbreitet Mehrsprachigkeit in der Bevölkerung war, ist umstritten. Wir sehen jedoch klare Anzeichen dafür, dass Matthäus, Markus und Johannes mit den Sprachen vor Ort relativ gut vertraut waren.

Matthäus 21,9, Markus 11,9–10 und Johannes 12,13 halten fest, dass die Menge kurz vor dem Passahfest Jesus »Hosianna« zurief, und in Matthäus 21,15 heißt es sogar, dass dieser Ausruf später von Kindern übernommen wurde. Das Wort hieß ursprünglich »rette!« und stammt aus Psalm 118,25. Die Verwendung dieses Wortes in den Evangelien ist äußerst passend, da es am Höhepunkt des Hallel vorkam, der sechs Psalmen, die während des Passahfestes gesungen wurden. Allerdings ist hierzu noch zweierlei zu sagen:

1. In den Evangelien wird *Hosianna* nicht im Sinne von »rette!« verwendet. Die Ausdrücke »Hosianna, Gott in der Höhe« (Matthäus 21,9; Markus 11,10) und »Hosianna dem Sohn Davids« (Matthäus 21,9.15) ergeben keinen Sinn, wenn das Wort immer noch »rette!« bedeutet. Es ist eindeutig ein Wort, das die Menge

gerne verwendet, doch seine Bedeutung hat sich zu einem Freudenausruf verschoben. Dieser Bedeutungswandel des Wortes *Hosianna* zeigt sich auch in späteren jüdischen Quellen. Die Verfasser wissen also nicht nur, wie dieses Wort von Juden zu einer bestimmten Zeit verwendet wurde, sondern auch, wie es sich mit der Zeit entwickelt hat.

2. In den Evangelien hat *Hosianna* eine andere Form als im hebräischen Original, welches *Hoschianna* lautete. Das *s* wird anstelle von *sch* (š) einfach deshalb verwendet, weil es im Griechischen keinen *sch*-Laut gibt. Zudem wird im neutestamentlichen Griechisch streng genommen der *i*-Laut weggelassen – *Hosanna*.[98] Diese Auslassung ist das Ergebnis eines allmählichen sprachlichen Wandels, der das Hebräisch zur Zeit des Neuen Testaments reflektiert – und nicht das Hebräisch der Zeit, in der der Psalm geschrieben wurde. Die Evangelisten geben das Wort genau so wieder, wie es im ersten Jahrhundert ausgesprochen wurde, und das hätte kein Autor durch bloßes Nachforschen in Büchern herausfinden können.[99]

Ungewöhnliche Sitten

Die Evangelien bezeugen eine ganze Reihe ungewöhnlicher oder lokal beschränkter Sitten. Jede einzelne davon mag auch weiter verbreitet gewesen sein, doch ihre Verbindung miteinander zeigt, dass sich die Evangelisten mit den lokalen Gebräuchen auskannten. Ich führe hier nur ein paar Beispiele aus den Tagen vor Jesu Kreuzigung an.

Bei Matthäus und Markus ist Jesus in den Tagen vor dem Passahfest im Dorf Bethanien zu Gast, keine drei Kilometer von Jerusalem entfernt (Matthäus 26,6; Markus 11,1.11.19). Dort trifft er Vorbereitungen, um das Passahfest in Jerusalem selbst zu feiern (Matthäus 26,17–18; Markus 14,12–14), und geht dann hinaus zum Ölberg (Matthäus 26,30; Markus 14,26). Lukas zufolge blieb er über Nacht auf dem Ölberg (an dessen Osthang Bethanien lag), begab sich dann am Tag des Passahmahls nach Jerusalem und kehrte dann wieder zurück auf den Ölberg, ging diesmal jedoch anscheinend nicht zu seinem gewöhnlichen Quartier (Lukas 21,37; 22,7–8.39). Johannes erwähnt, dass Jesus sechs Tage vor dem Passahfest in Bethanien ankam, sagt aber nichts darüber, dass Jesus zum letzten Abendmahl nach Jerusalem hineinging. Das geht jedoch daraus hervor, dass er und seine Jünger danach das Kidron-Tal in Richtung eines Gartens durchqueren. Das passt zur Erzählung in den anderen Evangelien, laut denen Jesus Jerusalem verlässt und zum Ölberg geht (Johannes 12,1; 18,1).

Die Evangelien präsentieren also ein einheitliches, wenn auch unterschiedlich akzentuiertes Bild, das die Sitte voraussetzt, das Passahfest innerhalb der Stadtmauern Jerusalems zu feiern.[100] Außerdem erwähnen Matthäus 26,30 und Markus 14,26 explizit, dass Jesus und die Jünger eine Hymne sangen, bevor sie zum Ölberg gingen. Nach rabbinischer Tradition musste der Hallel (Psalmen 113–118) auf dem Passahfest gesungen werden.[101] Interessanterweise erwähnen weder Matthäus noch Markus die Verbindung zwischen der Hymne der Jünger und dem »Hosianna«-Ausruf der Menschenmenge aus Psalm 118,25, den beide ein paar Verse zuvor erwähnt hatten. Nur unsere Kenntnis der jüdischen Traditionen außerhalb der Evangelien gestattet es uns, die Verbindung zu sehen.

Während Jesus im Garten von Getsemani ist, kommt eine Gruppe von Leuten auf ihn zu, die der Hohepriester geschickt hat, um ihn festzunehmen. In den synoptischen Evangelien heißt es, dass sie mit Schwertern und Knüppeln bewaffnet waren (Matthäus 26,47.55; Markus 14,43.48; Lukas 22,52). Auch eine rabbinische Quelle besagt, dass die Diener des Priesters mit Knüppeln bewaffnet waren.[102]

Nach seiner Verhaftung steht Jesus vor dem Hohepriester, der ihn der Blasphemie bezichtigt und sich aus Empörung darüber die Kleider zerreißt (Matthäus 26,65; Markus 14,63–64), was auch in der rabbinischen Literatur mit einer Reaktion auf Blasphemie in Verbindung gebracht wird.[103]

4

Unbeabsichtigte Übereinstimmungen

Ein besonderes Authentizitätsmerkmal der Evangelien sind die sogenannten *unbeabsichtigten Übereinstimmungen* (»undesigned coincidences«). John James Blunt, Theologie-Professor an der Universität Cambridge (1794–1855), formulierte dieses Argument als Erster,[104] und in jüngerer Zeit wurde es von Lydia McGrew weiterentwickelt.[105] Hier können diese Argumente aus Platzgründen nicht im Einzelnen wiederholt werden, sodass ich mich damit begnügen muss, einige Beispiele zu nennen.

Bei einer ungeplanten Übereinstimmung stimmen Autoren auf eine Weise überein, bei der es schwer vorstellbar ist, dass sie diese Übereinstimmung bewusst herbeigeführt hätten, um ihre Darstellungen authentisch wirken zu lassen. Oft ist die Übereinstimmung so subtil und indirekt, dass nur der aufmerksame Leser sie bemerkt. Wer annimmt, die Evangelisten hätten derlei Übereinstimmungen bewusst eingefügt, um ihren Berichten den Anschein der Echtheit zu verleihen, muss sie für die genialsten Schriftsteller des gesamten Altertums halten. Die Vorstellung, dass mehrere Evangelisten das unabhängig voneinander getan hätten, ist noch unglaubwürdiger.

Zwei Schwestern

Betrachten wir zwei Geschichten über die beiden Schwestern Maria und Marta, die bei Lukas und Johannes aufgezeichnet sind.[106] Beide Erzählungen unterscheiden sich sehr stark. Im Johannesevangelium geht es im betreffenden Kapitel vor allem darum, dass Jesus Lazarus, den Bruder von Maria und Marta, von den Toten auferweckt. Im Lukasevangelium finden wir die folgende Erzählung, in der es keine offensichtliche Verbindung zu Johannes gibt:

> *Auf ihrer Weiterreise kam Jesus in ein Dorf, wo ihn eine Frau mit Namen Marta in ihr Haus einlud. Sie hatte eine Schwester, die Maria hieß. Maria setzte sich dem Herrn zu Füßen und hörte ihm zu. Marta dagegen war sehr mit der Vorbereitung des Essens beschäftigt. Schließlich stellte sie sich vor Jesus hin. »Herr«, sagte sie, »findest du es richtig, dass meine Schwester mich die ganze Arbeit allein tun lässt? Sag ihr doch, sie soll mir helfen!« »Aber Marta«, entgegnete ihr Jesus, »Marta, du bist beunruhigt und machst dir Sorgen um so viele Dinge! Notwendig ist aber nur eins. Maria hat das Bessere gewählt, und das soll ihr nicht genommen werden.« (Lukas 10,38–42)*

Natürlich konnten Johannes und Lukas, wenn sie das Werk des jeweils anderen kannten, die Namen voneinander übernehmen. Aber sie haben gewiss nicht die völlig unterschiedliche Erzählung des jeweils anderen übernommen.

Lukas liefert uns einen Kurzbericht über zwei unterschiedliche Charaktere: Marta, die sich von den praktischen Dingen des Lebens in Beschlag nehmen lässt, und Maria, die bei Jesus sitzt, ihm zuhört und von den Sorgen ihrer arbeitsamen Schwester keine Notiz nimmt. Man kann sich diese Schwestern leicht als gegensätzliche Persönlichkeiten vorstellen: Die eine ist eine Aktive und die andere eine eher Nachdenkliche.

Bei Johannes sehen wir dieselben zwei Frauen nach dem Tod ihres Bruders. Jesus nähert sich ihrem Dorf. Als Marta das hört, geht sie zu Jesus, während Maria im Haus bleibt (Johannes 11,20). Und sofort sehen wir hier eine Übereinstimmung der Beschreibungen in den Evangelien – nicht im eigentlichen Ereignis, aber in den Reaktionen der Schwestern. Sowohl bei Lukas als auch bei Johannes sitzt Maria still, während Marta zur Tat schreitet. In beiden Erzählungen ist es Marta, die Jesus empfängt. Nachdem sie Jesus begrüßt hat, lässt Marta – aktiv wie immer – ihre Schwester insgeheim benachrichtigen, dass Jesus nach ihr fragt. Maria steht dann schnell auf, und die anderen Anwesenden nehmen an, dass sie sich zum Grab aufmacht, um zu weinen (Johannes 11,31). Als sie zu Jesus kommt, fällt sie »ihm zu Füßen« (Johannes 11,32 – bei Lukas saß sie ja auch zu Jesu Füßen). Jesus sieht sie weinen (Johannes 11,33), doch von einer weinenden Marta ist nicht die Rede. Nachdem Jesus am Grab angekommen ist und selbst auch weint, lässt er den Stein wegrollen. An dieser Stelle sagt Marta: »Herr, der Geruch! Er liegt ja schon vier Tage hier« (Johannes 11,39). Diese sehr praktische Sorge macht sie blind für das eigentliche Anliegen Jesu, nämlich Lazarus von den Toten aufzuerwecken.

Daraus können wir Folgendes ableiten: Es gibt keinen offensichtlichen Grund anzunehmen, dass ein Autor vom anderen abgeschrieben hätte, aber beide Erzählungen stellen die zwei Persönlichkeiten auf übereinstimmende Weise dar. Das trifft auf den physischen Aspekt zu, dass Maria sich zu Jesu Füßen wirft bzw. dort »sitzt«, aber auch auf die praktischen Anliegen Martas in beiden Erzählungen. In beiden Geschichten erscheint sie auch als die Aktivere. Das lässt sich am einfachsten dadurch erklären, dass sowohl Lukas als auch Johannes reale Personen beschreiben. Diese Interpretation erläutert sehr vieles auf einfache Art. Andere

Szenarien sind zwar denkbar, doch erklären sie die Dinge nicht so eindeutig.

Zwei Brüder

Sehen wir uns nun kurz eine Übereinstimmung zweier Brüder an, die aus Markus und Lukas hervorgeht. Markus nennt die zwölf Jünger Jesu und sagt, dass Jesus den Brüdern Jakobus und Johannes den Spitznamen *Donnersöhne* gibt (Markus 3,17). Warum Jesus das tat, erklärt Markus nicht weiter. Matthäus und Johannes sagen hierzu auch nichts Relevantes. Lukas hingegen berichtet folgenden Vorfall:

> *Als die Zeit näher rückte, in der Jesus in den Himmel zurückkehren sollte, machte er sich entschlossen auf den Weg nach Jerusalem. Er schickte Boten voraus. Diese kamen in ein Dorf in Samarien und wollten eine Unterkunft für ihn vorbereiten. Doch die Samaritaner nahmen ihn nicht auf, weil er nach Jerusalem ziehen wollte. Als die beiden Jünger Jakobus und Johannes das hörten, sagten sie zu Jesus: »Herr, sollen wir befehlen, dass Feuer vom Himmel fällt und sie vernichtet?« Doch Jesus drehte sich zu ihnen um und wies sie streng zurecht. (Lukas 9,51–55)*

So wollen die Brüder, die bei Markus *Donnersöhne* genannt werden, hier bei Lukas Blitze vom Himmel herabrufen. Beide Berichte passen gut zueinander, da in einem der Name auf Basis des Charakters genannt wird, während der andere ein Charaktermerkmal beschreibt, das gut zu dem Namen passt.

Wie wir gesehen haben, steht der Abschnitt über die beiden Brüder in Lukas 9 und der über die beiden Schwestern in Lukas 10. Lukas 9 hängt mit Markus zusammen, Lukas 10 mit Johannes. Beide Berichte in Lukas haben mit Persönlichkeitsmerkmalen zu tun und stellen Personen auf eine Weise dar, die augenscheinlich von anderen Texten bestätigt wird.

Natürlich könnte man diese wegerklären. Man könnte sich vorstellen, dass Lukas die *Donnersöhne*-Anmerkung in Markus las und dann eine Geschichte daraus konstruiert hat. Das würde jedoch nicht erklären, warum Lukas in den umgebenden Abschnitten Reiserouten kennt oder sich der Spannungen bewusst ist, die entstehen, wenn Juden durch Samarien reisen. Doch selbst wenn sich Lukas seine Erzählung in Lukas 9 auf Basis von Markus ausgedacht hätte, erklärt das immer noch nicht die Beziehung von Lukas 10 zum Johannesevangelium.

In McGrews Auflistung der unbeabsichtigten Übereinstimmungen erleichtern die Synoptiker neun Mal das Verständnis einer Stelle in Johannes, sechs Mal erleichtert Johannes das Verständnis einer Stelle aus den Synoptikern, und vier Mal erklären sich die Synoptiker gegenseitig.[107] Und es gibt noch weitere unbeabsichtigte Übereinstimmungen.[108] Jede einzelne davon könnte man wegerklären, doch jede andere Erklärung macht die Sache nur komplexer. Die einfache Annahme, dass wir es mit wahrheitsgemäßen Berichten zu tun haben, erklärt die Phänomene dieser Texte auf Anhieb.

Nach meiner Erfahrung beeindruckt das Argument der unbeabsichtigten Übereinstimmungen Menschen weniger, wenn sie den Text nur ungenügend kennen oder wenn sie sich nur ein paar Beispiele ansehen. Es ist ein kumulatives Argument, das von der Voraussetzung ausgeht, dass die einfachste mögliche Erklärung zu bevorzugen ist. Die Komplexität alternativer Erklärungen wird daher umso deutlicher, je mehr Beispiele man in Betracht zieht.

Zwei Fische

Kommen wir nun zur Wundererzählung, in der Jesus 5 000 Männer mit Frauen und Kindern mit Essen versorgt, und das mit nur fünf Broten und zwei Fischen. Abgesehen von Jesu Auferstehung ist dies das einzige Wunder, das in allen vier Evangelien vorkommt.

Sowohl Markus als auch Johannes machen Anmerkungen über das Gras, das zum Hintergrund dieser wundersamen Geschichte gehört. Markus betont, dass das Gras grün war (Markus 6,39), und Johannes erwähnt, es habe dort *viel Gras* gegeben (Johannes 6,10). Keiner von beiden sagt sonst etwas darüber, sodass man sich fragen könnte, ob sie dieses Detail hervorheben, um die Geschichte authentisch wirken zu lassen. Markus führt aus, dass Jesus an diesen abgelegenen Ort ging, um der Menge zu entkommen. »Da sagte er zu ihnen: ›Kommt mit an einen einsamen Platz, wo wir allein sind, und ruht ein wenig aus.‹ Denn es war ein ständiges Kommen und Gehen, so dass sie nicht einmal Zeit zum Essen fanden« (Markus 6,31). Dabei steigt Jesus mit seinen Jüngern in ein Boot und fährt zu einem abgelegenen Ort. Markus geht nicht weiter darauf ein, dass viele Leute kamen und gingen. Doch Johannes – und nur Johannes – erwähnt, dass das Passahfest zu dieser Zeit bevorstand (Johannes 6,4). Das war das größte jüdische Fest des Jahres, zu dem die größten Menschenmassen nach Jerusalem pilgern würden. Johannes erwähnt zwar keine wandernden Menschenmengen, aber genau das bei Johannes erwähnte Passahfest würde erklären, weshalb gemäß dem Markusevangelium so viele Leute unterwegs waren. Dass Jesus sich bei Markus eigens an einen anderen Ort begab, deutet darauf hin, dass es sich hierbei nicht einfach um eine Zunahme an Reisenden für ein paar Stunden handelte, sondern dass eine große Menge an Menschen unterwegs war, wie es sich normalerweise zu Festzeiten ergeben würde. Dies ist also eine unbeabsichtigte Übereinstimmung zwischen Markus und Johannes. Johannes erklärt ein Puzzleteil aus Markus – und dabei wurde Markus laut den allermeisten Fachleuten zuerst geschrieben.

Gleich nachdem Johannes das Passahfest erwähnt, sagt er:

Als Jesus aufblickte und die Menschenmenge auf sich zukommen sah, fragte er Philippus: »Wo können wir Brot kaufen, dass all diese Leute zu essen bekommen?« Er sagte das aber nur, um ihn auf die Probe zu stellen, denn er wusste schon, was er tun wollte. Philippus entgegnete: »Es würde mehr als zweihundert Denare kosten, um jedem auch nur ein kleines Stück Brot zu geben.« Ein anderer Jünger namens Andreas, es war der Bruder von Simon Petrus, sagte zu Jesus: »Hier ist ein Junge, der fünf Gerstenbrote und zwei Fische hat. Aber was ist das schon für so viele.« (Johannes 6,5–9)

Johannes erklärt nicht, warum Jesus gerade Philippus mit dieser Frage anspricht und warum sich Andreas daraufhin einschaltet. Bereits in Johannes 1,44 sagt er aber: »Philippus stammte wie Andreas und Petrus aus der Stadt *Betsaida*« (siehe auch Johannes 12,21). Johannes sagt zwar hierzu nichts Weiteres, doch im Lichte von Lukas 9,10, wo es heißt, dass sich das Wunder bei *Betsaida* ereignete, ergibt es Sinn. Diese Informationen haben ferner Auswirkungen darauf, wie wir Johannes lesen. Wenn wir nur das Johannesevangelium lesen, sehen wir keinen bestimmten Grund dafür, warum Jesus ausgerechnet Philippus fragt und keinen anderen Jünger oder warum Philippus *und* Andreas auf das Problem eingehen, das Jesus angesprochen hat. Doch wenn wir die Information aus Lukas mit einbauen, erklärt sich die ganze Szene: Jesus wendet sich an einen Mann, der sich in der Gegend auskennt, und dieser und ein anderer ortskundiger Mann gehen gemeinsam auf seine Frage ein.

Johannes' Erzählung erklärt also, warum bei Markus so viele Leute unterwegs sind, und Lukas erhellt den Dialog bei Johannes.

Selbst das kleine Detail, dass der Junge fünf Gerstenbrote hat (Johannes 6,9), passt gut zum bevorstehenden Passahfest, das direkt auf die Gerstenernte folgt.

Doch kehren wir zum ursprünglich diskutierten Detail bei Markus und Johannes zurück: dem Gras. Ist es glaubwürdig, dass es dort so viel grünes Gras gab? Die Abbildung 4.1 ist ein Niederschlagsdiagramm für die nahe gelegene Stadt Tiberias.[109]

Tabelle 4.1 Niederschlag in Tiberias

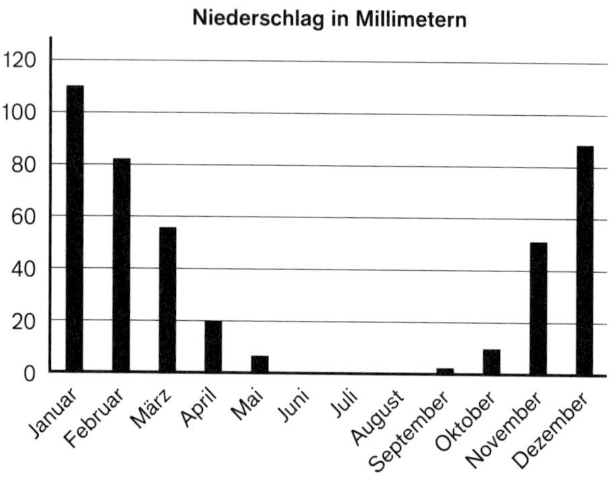

Zwischen den Jahren 26 und 36 n. Chr. lagen alle möglichen Termine für das Passahfest zwischen Ende März und Ende April. Wenn dieses Ereignis also wirklich zur angegebenen Zeit stattfand, können wir tatsächlich davon ausgehen, dass das Gras nach den fünf Monaten mit den meisten Niederschlägen grün war.

Bedenken Sie jedoch, dass keine unserer unbeabsichtigten Übereinstimmungen direkt mit dem Wunder selbst zu tun haben. Man könnte also zu der Ansicht neigen, die Umgebung sei als realistisch anzusehen, nicht aber das Wunder. Das Wunder, könnte man behaupten, nahm langsam Gestalt an, als die Geschichte von einer Person weitergereicht und immer mehr ausgeschmückt wurde. Doch es ist problematisch, den zentralen Teil der Geschichte – das Wunder – als unbedachte Übertreibung zu behandeln, denn die unbeabsichtigten Übereinstimmungen sprechen dafür, dass die Randdetails sorgfältig weitergegeben wurden. Bei einer Geschichte, deren Kernelemente nicht sorgfältig überliefert sind, sollte man nicht erwarten, dass die Nebensächlichkeiten akkurat berichtet werden. Die Vorstellung, dass der Wunderbericht durch fahrlässige Übertreibungen entstanden ist, impliziert also hinter der Erzählung einen unrealistischen Prozess *selektiver Informationsverfälschung*. Die jetzige Form des Textes wird mit dieser Vorstellung nicht angemessen erklärt.

Zwei Ehefrauen

Die letzte unbeabsichtigte Übereinstimmung, die ich erwähnen werde, ist insofern anders, als sie eine Übereinstimmung zwischen dem jüdischen Historiker Josephus und den synoptischen Evangelien darstellt. Wir beginnen mit Josephus, der erklärt, wie die Niederlage der Armee von Herodes Antipas gegen den Nachbarkönig Aretas IV. von Nabatäa um das Jahr 36 n. Chr. von den Juden bewertet wurde.

> *Manche Juden waren übrigens der Ansicht, der Untergang der Streitmacht des Herodes sei nur dem Zorne Gottes zuzuschreiben, der für die Tötung Joannes' des Täufers die gerechte Strafe gefordert habe. Den letzteren nämlich hatte Herodes hinrichten lassen, obwohl er ein edler Mann war, der die Juden anhielt, nach Vollkommenheit zu streben, indem er sie ermahnte, Gerechtigkeit gegeneinander und Frömmigkeit gegen Gott zu üben und so zur Taufe zu*

kommen. Dann werde, verkündigte er, die Taufe Gott angenehm sein, weil sie dieselbe nur zur Heiligung des Leibes, nicht aber zur Sühne für ihre Sünden anwendeten; die Seele nämlich sei dann ja schon vorher durch ein gerechtes Leben entsündigt. Da nun infolge der wunderbaren Anziehungskraft solcher Reden eine gewaltige Menschenmenge zu Joannes strömte, fürchtete Herodes, das Ansehen des Mannes, dessen Rat allgemein befolgt zu werden schien, möchte das Volk zum Aufruhr treiben, und hielt es daher für besser, ihn rechtzeitig aus dem Weg zu räumen, als beim Eintritt einer Wendung der Dinge in Gefahr zu geraten und dann, wenn es zu spät sei, Reue empfinden zu müssen. Auf diesen Verdacht hin ließ also Herodes den Joannes in Ketten legen, nach der Festung Machaerus bringen, die ich oben erwähnte, und dort hinrichten. Sein Tod aber war, wie gesagt, nach der Überzeugung der Juden die Ursache, weshalb des Herodes Heer aufgerieben worden war, da Gott in seinem Zorn diese Strafe über den Tetrarchen verhängt habe.[110]

Der Bericht über Johannes den Täufer stimmt in vielen Details mit den Evangelien überein, wie sein Predigen zu großen Mengen,[111] seine Betonung zwischenmenschlicher Gerechtigkeit,[112] sein Bestehen auf Verhaltensänderung vor der Taufe[113] und auch seine Gefangennahme und Hinrichtung durch Herodes. Etwas an Josephus' Bericht ist allerdings merkwürdig: Er erklärt nämlich nicht, warum die Leute den Tod von Johannes dem Täufer speziell mit der Niederlage der Armee des Herodes in Verbindung brachten. Diese Verbindung sehen wir nur dann, wenn wir die Informationen aus den Evangelien mit denen von Josephus zusammenbringen.

Josephus erklärt uns die Ursache der Spannungen zwischen Herodes Antipas und Aretas: Antipas hatte Aretas' Tochter Phasaelis geheiratet und sich nach vielen Jahren Ehe von ihr scheiden lassen, um Herodias, die Frau von Antipas' Halbbruder, zu heiraten.[114]

Gemäß den Evangelien hatte Johannes der Täufer Herodes' neue Eheschließung öffentlich kritisiert (Matthäus 14,4; Markus 6,18; Lukas 3,19), was die Ursache für seine Verhaftung war. Wenn wir die Informationen aus den Evangelien voraussetzen, ergibt Josephus' Bericht mehr Sinn: Die Juden verbanden die Zerstörung der Armee des Herodes mit der Hinrichtung Johannes' des Täufers – Johannes wurde nämlich gerade deswegen hingerichtet, weil er sich öffentlich gegen die erneute Eheschließung gestellt hatte, die als Wurzel des ursprünglichen Streits angesehen wurde. Die einfachste Erklärung ist, dass wir es mit im Wesentlichen zutreffenden, einander ergänzenden Schilderungen zu tun haben, von denen jede einen Teil eines größeren Ereigniszusammenhangs festhält.

5

Haben wir Jesu eigene Worte?

Man kann mit einiger Berechtigung behaupten, dass wir mehr über das wissen, was Jesus gesagt hat, als über die Worte aller anderen Menschen des Altertums, die kein Buch geschrieben haben. Oft geben uns Autoren des Altertums eine einzige Quelle für eine antike Rede oder ein Zitat: die Gefallenenrede des Perikles bei Thukydides oder Eleazars Reden vor seinem Selbstmord, die von Josephus zitiert werden.[115] Mit etwas Glück haben wir manchmal mehr als eine Quelle darüber, was jemand gesagt hat. Über Sokrates (gestorben 399 v. Chr.) haben wir z. B. zwei Hauptquellen: Platon und Xenophon, und die Forscher sind sich uneinig darüber, wie viel von dem, was Sokrates zugeschrieben wird, tatsächlich von ihm stammt. Was Jesus angeht, liefern uns die Evangelien jedoch eine ungewöhnliche Kombination aus Reden und Aussagen unterschiedlicher Länge sowie zahlreiche interaktive Szenen. Da alle vier Evangelien Reden ausführlich und mit einer Vielfalt an komplexen Beziehungen zueinander festhalten, kann man Berichte über die Worte Jesu auf Authentizitätsmerkmale untersuchen.

In den Evangelien ist Jesus zu einem großen Teil in Galiläa oder Jerusalem aktiv, wobei sich Jesus auch in Judäa aufhält und auch einige Ereignisse aufgezeichnet sind, von denen wir nicht genau wissen, wo sie stattfanden. Jesus soll auch in Samarien (Johannes 4,4), Peräa (Matthäus 19,1) und in der Region von Tyrus und Sidon (Markus 7,24) gewesen sein. Dieses Kapitel stellt die These auf, dass wir viele Gründe dafür haben, den Berichten in den Evangelien über Jesu Aussagen zu vertrauen. Doch bevor wir uns damit befassen, müssen wir zunächst definieren, was die Kennzeichen einer vertrauenswürdigen Berichterstattung sind.

Zitieren und Einprägen

Heutzutage verwenden wir Anführungszeichen, um Zitate vom übrigen Text abzusetzen. Obwohl das auch schon die Hetiter im zweiten Jahrtausend vor Christus taten, gibt es unsere modernen Anführungszeichen noch nicht allzu lange; sie kamen erst im 16. Jahrhundert auf.[116] Sie verändern aber unser Denken über das Zitieren. Sie kennzeichnen den Anfang und das Ende einer Aussage und führen somit zwei Regeln der vertrauenswürdigen Berichterstattung ein, die es vor der Erfindung von Anführungszeichen schlichtweg nicht gab: Sie verlangen, (1) dass keine Wörter ohne entsprechende Kennzeichnung (wie z. B. durch Auslassungspunkte) wegfallen und (2) dass keine Wörter ohne Kennzeichnung (wie z. B. durch eckige Klammern) hinzugefügt, abgeändert oder ersetzt werden. Wir müssen bedenken, dass es zur Zeit der Evangelien diese beiden Regeln noch nicht gab. Wir werden uns also in eine Zeit zurückdenken müssen, als man an diese beiden Regeln noch nicht einmal dachte.

Ich bezeichne dies als das Problem des *abgegrenzten Zitierens.* Es ist nicht so, dass die Menschen im Altertum keine Ahnung von korrektem Zitieren hatten und etwa nicht in der Lage gewesen waren, etwas wörtlich zu zitieren. Es existieren ja zahlreiche Belege für genaue Zitate, die sich überhaupt nicht von unseren heutigen unterscheiden. Doch man muss nicht lange nachdenken, um festzustellen, dass unsere modernen Konventionen einer zuverlässigen Berichterstattung sehr enge Grenzen setzen, weil wir es in unserer Kultur für nötig erachten, entweder eine ganze Sequenz wortwörtlich zu zitieren (was Anführungszeichen erfordert) oder die Sequenz zu paraphrasieren. Beim Paraphrasieren versuchen wir eben *nicht*, die ursprünglichen Wörter zu verwenden, um uns keinen Plagiatsvorwurf einzuhandeln. In der Praxis bedeutet dies außerdem, dass wir strikt zwischen direkter Rede (»sie sagte ›X‹«) und indirekter Rede (»sie sagte, dass X«) unterscheiden. Die Selbstverständlichkeit, mit der wir abgegrenzte Zitate kennzeichnen, entspringt unserer Unfähigkeit, außerhalb unserer Schreibkonventionen zu denken, und muss abgelegt werden, wenn wir den Wahrheitsgehalt einer antiken Wiedergabe einer Rede oder Aussage bewerten wollen.

Verantwortliches und richtiges Zitieren war im Altertum unseren modernen Regeln gekennzeichneter Zitationsgrenzen nicht unterworfen. Ein Zitat wurde damals mit einem Verb oder einer Partikel eingeleitet und sollte – falls nicht explizit als vollständig und wortwörtlich dargestellt – mit dem Bewusstsein gelesen werden, dass wahrheitsgetreues Zitieren in der damaligen Kultur gewisse Freiheiten ermöglichte, die uns heute nicht zur Verfügung stehen. (Unsere modernen Ansprüche an ein Zitat dürfen nur dann angewandt werden, wenn ausdrücklich gesagt wird, dass es sich um ein vollständiges und wortwörtliches Zitat handelt.)

Dies bedeutet nicht, dass wahrheitsgemäßes Zitieren alles Mögliche beinhalten konnte. Im Judentum war man sehr daran interessiert, sich die Aussprüche und Reden der Rabbiner einzuprägen. Die ersten zwei Jahrhunderte nach Christus werden im Judentum sogar gemeinhin als *tannaitische Periode* bezeichnet. Dieses Wort ist von *tannaim*, dem Plural von *tanna*, abgeleitet. Ein *tanna* war jemand, der das mündlich überlieferte Gesetz auswendig lernte und lehrte. Die Rabbiner hielten in der Tat so viel vom Auswendiglernen, dass manche das Niederschreiben mündlicher Traditionen sogar verboten.[117] Zwar können wir uns nicht ganz sicher sein, dass alle jüdischen Überlieferungen, die später geschrieben wurden, immer noch Informationen aus der Zeit vor 70 n. Chr. enthalten, doch die Forscher sind sich einig, dass die Mischna (frühes drittes Jahrhundert), der Jerusalemer Talmud (frühes fünftes Jahrhundert), der Babylonische Talmud (frühes sechstes Jahrhundert) und die Vokalisierungstradition der Masoreten (sechstes bis zehntes Jahrhundert) noch Informationen aus dem ersten Jahrhundert überlieferten.

Im Licht dieser Zusammenhänge ist es sehr wahrscheinlich, dass Jesu Lehre erhalten blieb, vor allem, wenn wir bedenken, dass alle vier Evangelien ihn als einen formellen Lehrer mit Schülern (Jüngern) darstellen. Nach meiner Zählung gibt es in den Evangelien 195 Verweise auf Individuen oder Gruppen als sein(e) Jünger. Fünfundvierzig Mal heißt es, dass er lehrt, vierzig Mal, dass er ein Lehrer ist, und zwölfmal wird er *Rabbi* genannt. Nur Lukas, der ausschließlich jüdisches Vokabular eher meidet, verwendet den Begriff *Rabbi* nicht. Wenn Jesus wirklich ein Lehrer oder Rabbi war und zwölf besondere Jünger hatte und diese Begriffe ihre normale Bedeutung haben, dann dürfte eine wichtige Aufgabe der Jünger darin bestanden haben, sich präzise Aussagen ihres Lehrers einzuprägen und auswendig zu lernen.

Der Inhalt vieler dieser Aussagen erweckt eher den Eindruck, dass sie weitergegeben und nicht erfunden wurden. Jesus sagte oft Dinge, die für die frühen Christen schwer verdaulich waren. Im Matthäusevangelium nennt er seine Nachfolger *schlecht* (7,11), bezeichnet Nichtjuden als *Hunde* (15,26), trägt seinen Nachfolgern auf, alles zu tun, was ihre üblichen Gegner, die Pharisäer, sagen (23,3), und stirbt mit der Frage auf den Lippen, warum Gott ihn verlassen hat (27,46). Die anderen Evangelien sind ähnlich peinlich. Außerdem sagt er nichts zu den Themen, die Leuten in späterer Zeit unter den Nägeln brannten. Er gibt keine expliziten Anweisungen dazu, wie mit Nichtjuden (*wie oben*) in der Gemeinde umzugehen ist, wie die Frage der Beschneidung gehandhabt werden oder wie ein Gottesdienst ablaufen soll. Dass diese Themen nicht vorkommen, ist stimmig, wenn die Aussprüche tatsächlich von einem jüdischen Rabbi stammen.

Genial: Die goldene Regel

Wenn wir darüber nachdenken, ob Jesus etwas gesagt hat oder nicht, sollten wir bedenken, dass die Annahme näherliegt, dass einem genialen Kopf eine bemerkenswerte Lehre eingefallen ist, als dass mehrere Leute geniale Ideen hatten und sie alle unabhängig voneinander demselben vorhergehenden Lehrer zuschrieben.

Betrachten wir als Beispiel dafür die sogenannte goldene Regel. Jesus soll gelehrt haben: »Alles, was ihr von anderen erwartet, das tut auch für sie! Das ist es, was das Gesetz und die Propheten fordern« (Matthäus 7,12). In der Parallelstelle in Lukas 6,31 heißt es: »Behandelt alle Menschen so, wie ihr von ihnen behandelt werden wollt!« Dies ist wohl die erste Artikulation der positiven goldenen Regel in der Geschichte. Sie gilt gemeinhin als das höchste Prinzip der Ethik. Es gibt frühere Formulierungen einer negativen goldenen Regel – anderen nichts anzutun, was sie einem selbst nicht antun sollen – oder einer positiven Regel des Eigeninteresses, nach der man sich selbst am meisten nützt, indem man anderen hilft. Aufgrund der verschiedenen alten Sprachen und der unterschiedlichen Übersetzungsmöglichkeiten ist die Geschichte der goldenen Regel alles andere als einfach.[118] Doch tatsächlich scheint die Regel in dieser klaren und altruistischen Form zuerst Jesus zuzuschreiben zu sein. Der Gedanke, dass Jesus das Genie war, das zuerst auf diesen brillanten ethischen Grundsatz kam, liegt viel näher als jede Sichtweise, die gleich mehrere Genies voraussetzt, indem sie den Gedanken Matthäus, Lukas oder einem unbekannten Dritten zuschreibt, auf den Matthäus und Lukas sich stützen. Diese Argumentation verstärkt sich kumulativ, wenn wir weitere Aspekte der Lehren Jesu in den Evangelien betrachten.

Gleichnisse

Wie viele Gleichnisse es in den Evangelien tatsächlich gibt, ist eine strittige Frage, weil die Forscher unterschiedlich zählen, aber bei den Synoptikern sind es über vierzig, während Johannes nach der vorherrschenden Meinung keines enthält. Die Gleichnisse bei den synoptischen Evangelien kommen zum Teil nur bei Matthäus oder Lukas, zum Teil nur bei Markus, zum Teil im gemeinsamen Textgut von Matthäus und Lukas (d. h. Q) und zum Teil in allen drei Evangelien vor. Insgesamt werden Jesus mehr Gleichnisse zugeschrieben als irgendeinem anderen Rabbi des Altertums.

Drei Gründe sprechen dafür, dass die einfachste Hypothese die ist, dass viele dieser Gleichnisse aus dem Mund Jesu stammen: (1) Zwar führen jüdische Quellen Gleichnisse oft auf Rabbiner zurück, doch gibt es im Alten Testament oder den Schriftrollen vom Toten Meer nur wenige und in den Apokryphen überhaupt keine Gleichnisse. Zudem werden nur wenige von frühen Christen außerhalb des Neuen Testaments verwendet.[119] Gleichnisse sind ein jüdisches Genre und passen in die Zeit zwischen dem Alten Testament und der Zeit, in der das Christentum seine jüdische Prägung verlor. (2) Wenn wir sagen wollen, dass Jesus *keines* der Gleichnisse erzählt hat, brauchen wir mindestens *drei* Personen, die unterschiedliche Gleichnisse schufen, um diejenigen zu erklären, die jeder Quelle eigen sind. Das ist problematisch, da wir wissen, dass Gleichnisse schon wenig später unter christlichen Autoren kein beliebtes Genre mehr waren. Wenn wir annehmen, dass Jesus *manche* dieser Gleichnisse erzählte und ihm andere von seinen Nachfolgern zugeschrieben wurden, haben wir wieder verschiedene Gleichniserzähler zu verschiedenen Zeiten, obwohl Gleichnisse sich relativ schnell unter Christen überlebt hatten. (3)

Manche der Gleichnisse Jesu, wie die Gleichnisse vom Sämann, vom barmherzigen Samariter und vom verlorenen Sohn, werden als meisterhafte Kompositionen angesehen. Es liegt weit näher anzunehmen, der Gründer der neuen Religion sei der geniale Schöpfer dieser Geschichten gewesen, als dass mehrere spätere kreative Genies ihre Meisterstücke ihrem weniger kreativen Religionsgründer zuschrieben.

Wir sollten auch bedenken, wie gut Jesu Gleichnisse in die damalige Zeit passen. Rabbi Johanan ben Zakkai erzählte Mitte des ersten Jahrhunderts ein Gleichnis von einem König, der Diener zu einem Festmahl einlädt, von denen manche weise und manche töricht waren. Letztere waren nicht angemessen gekleidet, wodurch sie den Zorn des Königs auf sich zogen.[120] Die Schlüsselelemente der Geschichte sind in *zwei* verschiedenen Gleichnissen Jesu zu finden (Matthäus 22,1–14; 25,1–13). Jesu Gleichnisse enthalten zwar oft traditionell jüdische Themen, doch ändert er sie ab, um seine eigenen, oft überraschenden Schlüsse daraus zu ziehen. Diese Leitgedanken spiegeln also wahrscheinlich eher das palästinensische Judentum zu Jesu Zeiten wider als das Umfeld der Gemeinde Jahrzehnte später, als sie allmählich von Nichtjuden bestimmt wurde.

Menschensohn

Wir haben bereits gesehen, dass die Evangelien interessante Namensmuster aufweisen. So wird ihr Protagonist in Erzählungen nur *Jesus,* in wörtlicher Rede dagegen *Jesus* mit einem vereindeutigenden Zusatz genannt. Es gibt jedoch ein drittes Element in diesem Muster, und das ist Jesu Selbstbezeichnung als *Menschensohn.* Das ist sein bevorzugter Name, der in allen vier Evangelien und in allen fünf wesentlichen Textgruppen (nur Matthäus,[121] nur Lukas,[122] Matthäus-Lukas-Überschneidung,[123] Matthäus-Markus-Lukas[124] und Johannes[125]) vorkommt. Genauso wie Gleichnisse nach der neutestamentlichen Zeit nicht mehr üblich waren, so stellen wir auch fest, dass spätere Christen den Titel *Menschensohn* selten für Jesus verwenden, außer wenn sie die Evangelien zitieren. Der offensichtlichste Schluss ist somit der, dass das Textmaterial, in dem Jesus *Menschensohn* genannt wird, aus frühen Quellen stammt.

Der Unterschied zwischen Johannes und den Synoptikern

Wir haben ebenfalls bereits gesehen, dass Jesu Art zu sprechen im Johannesevangelium anders ist als bei den Synoptikern: Bei Johannes gibt es keine eindeutigen Gleichnisse, dafür aber eine ganze Reihe von »Ich bin«-Aussagen, die keine offensichtlichen Parallelen bei den Synoptikern haben. Die Themen werden verschieden stark betont, und der gesamte Redestil hat auch einen anderen Klang. Daraus könnte man ableiten, dass die Darstellungen bei Johannes und die bei den Synoptikern nicht beide wahr sein können.

Einige Fakten deuten aber darauf hin, dass sich sowohl Johannes als auch die Synoptiker manchmal eines größeren Korpus gemeinsamen Materials bedienen, das im Gedächtnis aller Autoren haften geblieben war. Zum Beispiel:

1. Im Johannesevangelium finden wir Abschnitte, in denen Jesus von seiner Beziehung zu Gott als von einer Beziehung zwischen Vater und Sohn spricht, und diese Beziehung ist so eng, dass der Vater und der Sohn sich *kennen* (z. B. Johannes 10,15; 17,25). Obwohl diese Art Sprache bei den Synoptikern meist keine Parallele hat, gibt es eine Ausnahme in Matthäus 11,25–27, wo einige sonst als johanneisch geltende Motive zusammentreffen. Dass solches Material bei Matthäus auftaucht, kann dadurch erklärt werden, dass Jesus tatsächlich so gesprochen hat. Dass Markus und Lukas dieses Material nicht aufgreifen, ist eher eine Frage der

selektiven Darstellung als ein Zeichen dafür, dass Jesus diese Art Sprache nicht verwendet hätte.

2. Wie schon vorher angemerkt, bezeichnet sich Jesus sowohl bei den Synoptikern als auch bei Johannes als *Menschensohn*. Es herrscht allgemeine Übereinstimmung darüber, dass der Hintergrund dieses Wortes teilweise mit dem alttestamentlichen Text Daniel 7,13–14 zu tun hat, der von einer Person spricht, die »aussah wie der Sohn eines Menschen« und »mit den Wolken« zu jemandem kommt, der als thronender Gott dargestellt wird. Die Person, die *aussah wie der Sohn eines Menschen*, empfängt dann *Macht* oder *Herrschaft* und ein *ewiges Reich*. Wenn wir uns die Aussagen über den *Menschensohn* bei den Synoptikern ansehen, können wir mindestens zwei Motive aus Daniel 7 wiedererkennen: (a) Er kommt (manchmal mit den Wolken, z. B. Markus 14,62) und (b) Er hat (Voll)macht (z. B. Markus 2,10.28). Benjamin Reynolds hat aufgezeigt, dass dieselben Motive auch hinter manchen Verwendungen dieses Titels bei Johannes stehen.[126] Das spricht für eine gemeinsame Denkweise der Autoren, die höchstwahrscheinlich auf denselben Redner hinter diesen Aussagen bei den Synoptikern und Johannes zurückzuführen ist.

3. Matthäus und Johannes liefern verschiedene Auferstehungsberichte. Matthäus schreibt davon, dass der Engel den Stein vom Grab wegrollt, den Wachen Angst einjagt und mit den Frauen spricht, die dann weglaufen und Jesus begegnen. Bei Johannes geht Maria zum Grab. Zunächst scheint sie allein zu sein, doch dann kommt sie zurück und sagt, sie und einige andere wüssten nicht, wo Jesu Leiche sei. Dann laufen zwei Jünger zum Grab. Als Maria wieder beim Grab ankommt, sieht sie zwei Engel, woraufhin sie sich umdreht und Jesus sieht, den sie zunächst für einen Gärtner hält. Die beiden Berichte sind nicht unvereinbar, wenn wir die Vorstellung zulassen, dass sie beide gekürzte Versionen einer längeren Reihe von Ereignissen sind. Das trifft vor allem dann zu,

wenn wir die Möglichkeit in Betracht ziehen, dass verschiedene Evangelisten Berichte von verschiedenen weiblichen Zeugen aufzeichneten. Schließlich müssen die Frauen am Grab nicht ständig beieinander gewesen sein. Doch trotz ihrer Unterschiede nähern sich Matthäus und Johannes auf einmal aneinander an, wenn die Frau bzw. die Frauen Jesus zum ersten Mal treffen.

> *Auf einmal kam Jesus ihnen entgegen. »Seid gegrüßt!«, sagte er. Da liefen sie zu ihm hin, warfen sich nieder und umfassten seine Füße. »Habt keine Angst!«, sagte Jesus zu ihnen. »Geht, und sagt* meinen Brüdern, *sie sollen nach Galiläa gehen! Dort werden sie mich sehen.« (Matthäus 28,9–10)*

> *»Lass mich los!«, sagte Jesus zu ihr. »Ich bin noch nicht zum Vater im Himmel zurückgekehrt. Geh zu* meinen Brüdern *und sag ihnen von mir: Ich kehre zurück zu* meinem Vater *und* eurem Vater, *zu meinem Gott und eurem Gott.« (Johannes 20,17)*

Sowohl Matthäus als auch Johannes sagen, dass die Beteiligten Jesus festhalten oder dies zumindest versuchen, woraufhin Jesus ihnen aufträgt, loszugehen und »meine Brüder« zu benachrichtigen. Damit meint er anscheinend seine Jünger, wobei das nicht die Bezeichnung ist, die er normalerweise für sie verwendet. Die Aussagen Jesu, die Johannes aufgezeichnet hat, erklären die Bezeichnung aber, da Jesus und die Jünger einen gemeinsamen Vater haben: Gott.

Die Tatsache, dass die Auferstehungsberichte im Hauptteil der Geschichte– dem leeren Grab und den Engelserscheinungen vor der Begegnung mit Jesus – übereinstimmen, in vielen Punkten von mittlerer Bedeutung voneinander abweichen und dann in kleinsten Details wie diesen hier wieder übereinstimmen, spiegelt das Muster wider, das wir von unabhängigen Berichten, aber nicht von direkten literarischen Abhängigkeiten oder gar bewusster Verfälschung der Erzählungen erwarten würden. Der literarische Befund deutet hier darauf hin, dass diese Aussagen unabhängig voneinander von zwei Zeugen bewahrt wurden.

Eine weitere interessante Übereinstimmung zwischen Matthäus und Johannes ist Jesu Gebet im Garten Getsemani, der *Kelch* (Matthäus 26,39) möge ihm erspart bleiben – ein Gebet, das bei Johannes nicht aufgezeichnet ist. Doch bei Johannes wehrt Jesus Petrus' Versuch, kurz danach seine Festnahme zu verhindern, mit den Worten ab: »Soll ich den *Kelch* etwa nicht trinken, den mir der Vater gegeben hat?« (Johannes 18,11)[127] Die Erklärung, dass Jesus den Kelch des Leidens[128] meinte und dass zwei Quellen daher die Worte Jesu aufgezeichnet haben, ist genial einfach. Jede andere Erklärung ist komplexer.

Wurde Jesu Lehre in der Übersetzung aus dem Aramäischen verfälscht?

Viele Theorien bauen auf dem Gedanken auf, Jesu Lehre sei durch die Übersetzung verloren gegangen. Wenn wir uns mit dieser Möglichkeit befassen, müssen wir mit dem richtigen Blickwinkel beginnen: Auch wenn eine Übersetzung niemals vollständig dem Original entspricht und Wörter oft falsch übersetzt werden, sind Fehlübersetzungen doch weitaus seltener als korrekte Übersetzungen.

Über welche Sprachkenntnisse Jesus verfügte, ist umstritten. Es gibt eine lange Tradition, Jesus habe ausschließlich Aramäisch gesprochen, und tatsächlich spricht Jesus im Markusevangelium Aramäisch mit einem kleinen Mädchen (5,41) und mit einem Taubstummen (7,34). Der immer noch verbreitete Gedanke, in Palästina sei *ausschließlich* Aramäisch gesprochen worden, entspringt eher romantischen Vorstellungen als historischen Indizien. Seit der Zeit Alexanders des Großen (356–323 v. Chr.) hatten sich Griechenlands Einfluss und Sprache in den eroberten Gebieten verbreitet, sodass sogar die oberste jüdische Instanz einen griechischen Namen hatte: Sanhedrin (Griechisch: *synedrion*). Jesus kam aus Nazareth, das nur etwas mehr als fünf Kilometer von Sepphoris, der damaligen Hauptstadt Galiläas, entfernt lag. Sepphoris war größtenteils jüdisch, weist aber bedeutenden Einfluss von außen auf, einschließlich eines griechischen Amphitheaters.[129] Da sowohl Jesus als auch Josef, der zumindest rechtlich gesehen sein Vater war, als *tektōn,* also als Zimmermann oder Bauhandwerker bezeichnet werden,[130] ist es wahrscheinlich, dass sie in die großen Bauprojekte in der Gegend involviert waren und mit Griechisch sprechenden Leuten verkehrten. Ja, sie konnten unmöglich ihren Geschäften nachgehen, ohne dass in griechischer Sprache beschriebene Münzen durch ihre Hände gingen. Zudem sind die meisten Begräbnistexte aus dem damaligen Palästina auf Griechisch. Der Gedanke, dass Jesus kein Griechisch sprechen konnte, ist also äußerst fragwürdig.

Manchmal spiegeln Jesu Aussagen sogar griechische Wortspiele wider. In Matthäus 5–7 ist Jesu bekannteste Predigt aufgezeichnet, die sogenannte Bergpredigt. Sie beginnt mit den Seligpreisungen in Matthäus 5,3–11. Die ersten vier Seligpreisungen beginnen alle mit dem Buchstaben *Pi* (dem griechischen *P*), und die bekannten Ausdrücke »die Armen im Geiste« (5,3),[131] »die nach der Gerechtigkeit hungern und dürsten« (5,6),[132] »die reinen Herzens sind« (5,8)[133] und »die um der Gerechtigkeit willen verfolgt werden« (5,10)[134] beinhalten alle die Stilmittel der Alliteration und Assonanz, was vermuten lässt, dass Jesus (in diesem Fall) in griechischer Sprache lehrte.

Lukas gibt die scheinbar gleiche Predigt anders wieder: Er beginnt mit vier Seligpreisungen, worauf dann vier Wehrufe folgen

(6,20–26). Da die Wehrufe nicht in Matthäus sind, hat Lukas sie offensichtlich nicht von dort. Genauso hat auch Matthäus nicht *alle acht* seiner Seligpreisungen von Lukas' *vier.* Die Indizien deuten vielmehr darauf hin, dass sie sich beide einer früheren Quelle bedienten, die umfangreicher war als Matthäus oder Lukas. Dies kann man daran erkennen, dass bei Lukas die ersten zwei Seligpreisungen (6,20–21) parallel mit *Pi* beginnen und alle vier Wehrufe (6,24–26) Alliterationen mit *Pi* und dem *P*-Laut sind. Das deutet darauf hin, dass Matthäus und Lukas sich einer ausführlicheren Quelle bedienten, die mehr Alliterationen enthielt als Lukas oder Matthäus. Diese Quelle könnte natürlich die ursprüngliche Predigt sein.

Die Vorstellung, dass Jesus die Bergpredigt auf Griechisch hielt, wäre natürlich plausibel, wenn sich das Ereignis wirklich so abspielte wie berichtet. Denn laut Matthäus kam die Menge, die Jesus zuhörte, nicht nur aus Galiläa, Jerusalem und Judäa, sondern auch von der anderen Seite des Jordans und von der Dekapolis – einer Gruppe von zehn oder mehr Städten, die von *griechischer* Kultur geprägt waren (Matthäus 4,25).

Zudem deuten die Alliterationen darauf hin, dass das Material zum Einprägen gedacht war.

Nun möchte ich damit nicht sagen, Jesus habe immer oder meistens auf Griechisch gelehrt – wohl aber, dass in einem solchen vielsprachigen Umfeld trotz der Sprachbarriere komplexe Kommunikation stattfindet. Zwei der Jünger Jesu – Andreas und Philippus – hatten griechische Namen und werden in Johannes 12,20–22 als Mittler für einige Griechen dargestellt, die Jesus sehen wollten. Jesus hat vielleicht auf Griechisch gelehrt oder wurde simultan ins Griechische gedolmetscht oder hat vielleicht Übersetzungen seiner Reden ins Griechische zugestimmt. Es gibt verschiedene Möglichkeiten.

Außerdem: Obwohl Griechisch und Aramäisch komplett unterschiedliche Sprachen sind, dürfte der lang andauernde Kontakt zwischen Sprechern der beiden Sprachen in Palästina dazu geführt haben, dass viele Leute beide Sprachen zumindest bis zu einem gewissen Grad verstanden und dass lang anhaltende und wiederholte Missverständnisse relativ selten waren. Der Kontakt zwischen diesen Sprachen bedeutete auch, dass ein Jude, der auf Griechisch zu einer jüdischen Zuhörerschaft sprach, durchaus auch einzelne aramäische Wörter verwendete, wie etwa in Matthäus 5,22 (*raka*) und 6,24 (*mamōna*), die beide in der Bergpredigt vorkommen. Zudem waren zu dieser Zeit schon viele griechische Wörter ins Aramäische übernommen worden. Wenn Jesus das Gleichnis vom verlorenen Sohn ursprünglich auf Aramäisch erzählte, kann er trotzdem einige der Wörter verwendet haben, die wir in unserer griechischen Ausgabe des Neuen Testaments finden, wie das Wort *symphōnia* (»Musik«, Lukas 15,25), das zu diesem Zeitpunkt schon ins Aramäische übernommen worden war. Mit den Griechen in Johannes 12,23 hat Jesus vermutlich Griechisch gesprochen, wie auch mit dem Hauptmann in Matthäus 8,5–13, mit der griechischen Frau in Markus 7,26 und möglicherweise auch mit den Herodianern in Markus 12,13.[135]

Schlussfolgerung

Gehen wir zurück zur Frage, ob wir den Evangelien zutrauen können, die Worte Jesu zuverlässig wiederzugeben, so finden wir etliche Gründe, die dafür sprechen, dass wir es mit Inhalten zu tun haben, die auf Jesus selbst zurückgehen. Dazu gehören die Art zu lehren, das Genre (Gleichnisse) und der hohe Übereinstimmungsgrad zwischen den verschiedenen Erzählungen.

Die Tatsache, dass die Evangelien nicht wortwörtlich übereinstimmen, ist für sich allein kein Problem, wenn wir bedenken, dass es die modernen Regeln der Abgrenzung von Zitaten zur damaligen Zeit nicht gab. Die Ansicht, Jesu Reden seien manchmal, oft, meistens oder gar immer ursprünglich auf Aramäisch gewesen und in den griechischen Evangelien nur in übersetzter Form überliefert, ist für sich allein noch kein ausreichender Grund anzuzweifeln, dass wir verlässliche Aufzeichnungen der Worte Jesu haben.

6

Hat sich der Text verändert?

Wenn wir die Frage nach der Vertrauenswürdigkeit der Evangelien stellen, müssen wir das auch im Hinblick auf die Zuverlässigkeit ihrer Überlieferung tun. Was alleine schon die Anzahl der Handschriften in verschiedenen Sprachen angeht, sind die Evangelien, vielleicht auch noch die biblischen Psalmen, mit einigem Abstand die am besten dokumentierten Texte des Altertums. Man kann auch sagen, dass sie die Texte sind, die am genauesten unter die Lupe genommen wurden.

Unsere Evangelienhandschriften kommen größtenteils von außerhalb Palästinas, aus Ländern wie Ägypten, Italien, Griechenland oder der Türkei. Wir können kaum davon ausgehen, dass die Kopisten in diesen Ländern korrekte Beschreibungen der palästinensischen Kultur in die Evangelien eingefügt hätten. Daher braucht die Ansicht, dass die Evangelien zuverlässig überliefert wurden, die zahlreichen Handschriftbelege eigentlich gar nicht.

Erwähnenswert ist in dieser Hinsicht auch, dass große Teile griechischer und lateinischer Literaturforschung auf einem Fundament aufbauen, das niemand, der mit den zugrunde liegenden griechischen und lateinischen Handschriften vertraut ist, ernsthaft anzweifelt: auf der Tatsache, dass die meisten dieser Handschriften vom neunten bis zum 16. Jahrhundert die Texte, wie sie in der griechischen oder römischen Klassik im Umlauf waren, zuverlässig wiedergeben. Genau deswegen kann an den Schulen der westlichen Welt seit über einem halben Jahrtausend diese klassische Literatur unterrichtet werden. Eine der Hauptaufgaben mittelalterlicher Schreiber vom Mittleren Osten bis Irland und Spanien bestand darin, klassische und biblische Texte abzuschreiben. Es gab viele Beispiele für unzureichendes Abschreiben und sogar einige für bewusste Verfälschungen, doch die allermeisten Kopisten gingen sehr gewissenhaft zu Werke, sodass wir sagen können, dass christlichen Kopisten etwas gelang, woran die Griechen und Römer der Klassik scheiterten. Weder die Griechen noch die Römer haben nachfolgenden Generationen die Literatur der Kulturen überlassen, die vor ihnen kamen. Christliche Kopisten hingegen haben viele heidnische griechische und lateinische Werke abgeschrieben und dabei kaum jemals aus religiösen Gründen in den Text eingegriffen. Christliche Kopisten haben buchstäblich die heidnische Literatur gerettet.

Es sollte auch erwähnt werden, dass dieses kompetente Abschreiben nicht nur der lateinischen und griechischen Literatur eigen war. Arabische, chinesische, hebräische, syrische und Sanskrit-Texte, um nur einige zu nennen, wurden von Kopisten für Zeiträume von einem Jahrtausend oder mehr mit außergewöhnlicher Präzision abgeschrieben. Wenn wir einen Text aus dem Altertum bewerten, dürfen wir nicht in die Falle treten, einen Text so lange für zweifelhaft zu halten, bis seine Vertrauenswürdigkeit erwiesen ist. Vielmehr können wir rational davon ausgehen, dass die meisten späteren Handschriften antike Texte treu wiedergeben.

Der klügste Mann auf Erden

Desiderius Erasmus (1466–1536) hatte zu seiner Zeit den Ruf, der gebildetste Mann der Welt zu sein, und im Jahr 1516 brachte er die erste Verlags- und Druckausgabe des Neuen Testaments auf Griechisch heraus. Für die Evangelien hatte er dabei nur zwei Handschriften zur Verfügung. Diese werden heute dementsprechend *Handschriften Nummer 1 und 2* genannt. Sie stammen beide aus dem zwölften Jahrhundert. Mit anderen Worten: Es gab eine Lücke von über einem Jahrtausend zwischen Erasmus' Handschriften und der Zeit der Entstehung der Evangelien. Reichlich Zeit für Veränderungen, sich in die Texte einzuschleichen, könnte man meinen. Doch wir müssen überprüfen, ob das tatsächlich der Fall war.

Seit Erasmus' Zeit wurden einige Tausend griechische Handschriften der Evangelien gefunden oder identifiziert. Die meisten stammen aus dem Mittelalter, aber manche sind viel älter als die, die Erasmus hatte. Wir haben nun zwei wichtige Handschriften mit allen vier Evangelien – *Codex Vaticanus* und *Codex Sinaiticus* –, die etwa aus dem Jahr 350 n. Chr. stammen und im Laufe des 19. Jahrhunderts verfügbar wurden. Im 20. Jahrhundert wurden Teilhandschriften von allen vier Evangelien, vor allem vom Johannesevangelium, gefunden, die teilweise bis ins dritte Jahrhundert zurückreichen. Manche der alten Fragmente der Matthäus- oder Johanneshandschriften stammen vielleicht sogar aus dem zweiten Jahrhundert. Mit anderen Worten: Die zeitliche Lücke zwischen den ältesten verfügbaren Handschriften und dem Verfassen der Evangelien hat sich seit Erasmus enorm verkleinert.[136] Dies hat sich zwar auf unsere modernen Übersetzungen der Evangelien ausgewirkt, aber nicht in nennenswertem Ausmaß.

Die deutlichsten Unterschiede zwischen einem Exemplar der Evangelien aus dem 16. Jahrhundert (ob einer *Ausgabe in* der Grundsprache oder einer *Übersetzung* in eine moderne Sprache) und einer modernen Version der Evangelien liegen in den zwölf Versen nach Markus 16,8 und den zwölf Versen Johannes 7,53–8,11. Diese Verse waren zwar seit dem Aufkommen des Buchdrucks bis zum 19. Jahrhundert in Ausgaben und Übersetzungen Teil des Textes, ohne dass man sie als zweifelhaft gekennzeichnet hätte, doch die meisten Forscher sind mittlerweile der Überzeugung, dass sie später hinzugefügt wurden. Dies wird in den meisten modernen Ausgaben und auch in vielen modernen Übersetzungen durch besondere Hinweise kenntlich gemacht.

Man könnte aufgrund dieser beiden Abschnitte den Text der Evangelien als Ganzes infrage stellen, doch ich würde behaupten, dass sie genau in die entgegengesetzte Richtung weisen. Zwar hat Erasmus seine erste Ausgabe der griechischen Evangelien unter Verwendung von nur zwei Manuskripten erstellt, doch es ist bekannt, dass er von der Zweifelhaftigkeit dieser beiden Abschnitte wusste. Seine Handschrift 1 wies ihn auf die Ungewissheit am Ende des Markusevangeliums hin und ließ auch den Abschnitt Johannes 7,53–8,11 ganz aus. Mit anderen Worten: Für den gebildetsten Menschen auf dieser Erde im 16. Jahrhundert wären die Entdeckungen in den letzten 500 Jahren, die diese Verse infrage gestellt haben, keine Überraschung gewesen. Man kann sogar sagen, dass jeder, der die Evangelien in den letzten 1600 Jahren sorgfältig untersucht hat, mit den Zweifeln in Bezug auf diese Stellen vertraut war.

Diese beiden Abschnitte liefern – eben weil sie zweifelhaft sind – starke Argumente für die Zuverlässigkeit des übrigen Texts der Evangelien. Sie zeigen nämlich, dass sich die Evangelienhandschriften voneinander unterscheiden. Deshalb waren weder Schreiber noch Könige imstande, sie alle miteinander in Einklang zu bringen und die Debatten zu beenden. Die Evangelienhandschriften kamen aus vielen verschiedenen Ländern, und ihre Erstellung erfolgte unter verschiedenen Rechtsformen. Wir haben auch Aufzeichnungen vom zweiten Jahrhundert an, in denen zahlreiche Menschen die Evangelien zitieren. Ab spätestens dem dritten Jahrhundert wurden die Evangelien auch in andere Sprachen übersetzt: ins Koptische, Lateinische und Syrische; ab dem fünften Jahrhundert ins Armenische und Gotische und seit spätestens der ersten Jahrtausendwende unter anderem ins Angelsächsische, Arabische, Georgische und Kirchenslawische. Im Lichte so vieler Belege ist die Möglichkeit größerer Änderungen, ohne dass das in den Handschriften irgendwo auf der Welt Spuren hinterlassen hätte, sehr gering.

Betrachten wir zudem einige kleinere, aber dennoch bedeutende Unterschiede zwischen Erasmus' Ausgabe und den meisten modernen Bibeln.

Erasmus' Ausgabe des griechischen Neuen Testaments wurde die Grundlage für andere Ausgaben, und die vom Pariser Drucker Robert Estienne (Stephanus) aus dem Jahr 1551 ist zu Recht berühmt dafür, die Versnummern eingeführt zu haben. Diese Nummerierung wird bis heute verwendet und bietet einen einfachen Weg, Dinge, die in Estiennes Ausgabe standen, aber in keiner modernen Druckausgabe der Evangelien zu finden sind, aufzuspüren. Insgesamt gibt es elf Fälle, wo Estienne eine Versnummer vergab und der Leser einer modernen Bibel wahrscheinlich keinen entsprechenden Vers findet.[137] Zum Beispiel fehlt Matthäus 18,11 in der revidierten Elberfelder Übersetzung. Ältere deutsche Übersetzungen haben hier die Worte »denn der Sohn des Menschen ist gekommen, das Verlorene zu retten«, die in den meisten Handschriften stehen, in einigen aber fehlen, unter anderem in den beiden ältesten, wie auch in den alten Übersetzungen ins Koptische, Lateinische und Syrische. Diese und ähnliche Dinge hätten Erasmus aber nicht überrascht, hatte er doch in seinen gelehrten Anmerkungen zum Neuen Testament, *Annotationes* (1527) genannt, die unsichere Bezeugungslage von drei der genannten elf Verse kommentiert.[138] Nehmen wir diese elf Verse zu den beiden oben genannten Abschnitten aus je zwölf Versen hinzu, so sind also seither insgesamt 35 Verse in Erasmus' Ausgabe der Evangelien von 1516 infrage gestellt worden. Doch schon auf Grundlage der weitaus spärlicheren Belege, die ihm zur Verfügung standen, wusste Erasmus bereits von der Fraglichkeit der beiden Zwölf-Vers-Abschnitte und dreier der anderen elf Verse. Die Fraglichkeit von mindestens 27 der 35 Verse, also etwa 77 Prozent, war ihm also bewusst.

Wir haben heute fast 1000 Mal mehr Handschriften, als Erasmus in seiner ersten Ausgabe verwendet hat, und obwohl die Lücke zwischen den ältesten entdeckten Handschriften und den Originalen um fast 1000 Jahre geschrumpft ist, hat sich nicht viel verändert. Mit nur einem Bruchteil der Informationen, über die wir heute verfügen, und mit viel jüngeren Handschriften wusste Erasmus bereits über die bedeutendsten textlichen Fragen zu den Evangelien Bescheid. Dies lässt folgende Vermutung zu: Auch wenn wir jetzt mehr und ältere Handschriften finden und sich die Lücke weiter schließen wird, gibt es keinen Grund zu der Annahme, dass dies unsere Ungewissheit über den Text der Evangelien vergrößern wird. Wenn künftige Entdeckungen auch nur ansatzweise so sind wie die der letzten 500 Jahre, dann sind keine großen Veränderungen in den Ausgaben der Evangelien zu erwarten.

Gerechtfertigtes Vertrauen

All dies zeigt uns, dass das Vertrauen der Forschung in die Handschriften gerechtfertigt ist. Erasmus kombinierte seinen feinen Verstand mit rationalem Vertrauen in die ihm zugänglichen Handschriften und war in der Lage, eine Ausgabe der Evangelien zu erstellen, die sie im Wesentlichen so wiedergab, wie sie auch über 1000 Jahre vor seiner Zeit waren. Die Reihenfolge der Geschichten und der Abschnitte in den Evangelien ist dieselbe. Keine der Geschichten nimmt eine substanziell andere Bedeutung an. Abgesehen von den zwei bekannten Zwölf-Vers-Abschnitten werden die Unterschiede wohl nur von einem aufmerksamen Leser wahrgenommen, der Zeile für Zeile vergleicht.

Natürlich stellt die Existenz dieser 35 Verse in älteren Ausgaben und Übersetzungen den übrigen Text der Evangelien in modernen Übersetzungen, die diese Verse entweder auslassen oder als ungewiss kennzeichnen, nicht infrage. Sollten sich viele moderne Bibelwissenschaftler darin irren, dass man diese Verse ganz streichen sollte, bedeutet das lediglich, dass moderne Ausgaben der Evangelien vielleicht *zu wenig* Text haben, aber nicht zu viel.[139] Mit anderen Worten: Wir haben allen Grund, dem zu vertrauen, was wir vorliegen haben und was nicht als zweifelhaft gekennzeichnet ist.

Wir sollten uns jedoch mit ein paar kurzen Abschnitten befassen, die in einigen bedeutenden Handschriften fehlen, in modernen Ausgaben aber vorhanden sind, weswegen einige Forscher behaupten, dass in modernen Übersetzungen tatsächlich *zu viel* Text steht. Betroffen davon sind Matthäus 16,2b–3, Lukas 22,43–44 und Lukas 23,34a – insgesamt ca. vier Verse an Text, was in etwa 0,1 Prozent der Verse des Neuen Testaments entspricht. Es gibt Handschriften, die diese Verse enthalten, und Handschriften, in denen sie fehlen, und so gehen die Meinungen der Forscher über den richtigen Text auseinander.

Von 2007 bis 2017 hat Tyndale House, das biblische Forschungsinstitut, das ich leite, an einer eigenen Ausgabe des Neuen Testaments auf Griechisch gearbeitet. Dr. Dirk Jongkind, Fellow des St. Edmund's College der Universität Cambridge – einer der weltweit führenden Experten, wenn es um die von Kopisten begangenen Fehler geht – ist der Herausgeber, und ich bin Mitherausgeber. In dem von uns herausgegebenen Neuen Testament, *The Greek New Testament, Produced at Tyndale House, Cambridge,* ziehen wir das Fazit, dass die vier eben genannten Verse zum frühesten Text der Evangelien gehören. Doch selbst wenn wir falschliegen sollten, stellt das den übrigen Text der Evangelien nicht infrage; vielmehr bestätigt es lediglich die Tatsache, dass wir viele und auch unterschiedliche Handschriften haben und dass es noch keiner zentralen Autorität gelungen ist, einen einheitlichen Text zu schaffen. Wenn alle Handschriften also an einer Stelle übereinstimmen, besteht kein vernünftiger Grund, nicht darauf zu vertrauen, dass der Text zuverlässig übermittelt wurde.

In der Erstellung unserer neuen Ausgabe habe ich mich besonders um die richtige Schreibweise der griechischen Wörter gekümmert. *Richtig* bedeutet hier nicht, dass sie den Regeln entsprechen, die wir Grammatiken und Wörterbüchern entnehmen können. *Richtig* bedeutet oft, ein Wort so zu schreiben, wie es den Kopisten damals richtig erschien, auch wenn das nicht der Schreibweise entspricht, die uns beigebracht wurde. Also begann ich meine Forschungen mit einer sehr offenen Einstellung dazu, wie wir griechische Wörter schlussendlich schreiben könnten, und habe mir viele unkonventionelle Schreibweisen in den Handschriften notiert.

In der Erstellung unserer Ausgabe mussten wir allerdings sichergehen, dass wir nicht nur die sonderbaren Gewohnheiten eines einzelnen Kopisten abdruckten. Wir stellten daher die Regel auf, dass jede von uns gedruckte Schreibweise von mindestens zwei Handschriften bezeugt werden muss und nicht einfach mit den geläufigen Fehlern dieser Handschriften vergleichbar sein darf. Somit beruht also unsere Ausgabe des Neuen Testaments auf den heute bekannten Handschriften, und zwar in besonderer Anlehnung an die von Jongkind und anderen entwickelte Methode, Fehler der Kopisten zu identifizieren. Wir hatten die Erwartung, dass unsere Ausgabe sich relativ stark von anderen Ausgaben unterscheiden würde. Und wissenschaftlich gesehen sind viele kleine Details in der Tat anders. Doch als wir am Ende den philologisch geschulten Software-Ingenieur Drayton Benner engagierten, um unsere Ausgabe quantitativ mit anderen zu vergleichen, kam er zu dem Ergebnis, dass die Ausgabe, die unserer am ehesten entspricht, diejenige der Deutschen Bibelgesellschaft von 1979 ist, die

1993 unverändert nachgedruckt wurde und auch als *Nestle-Aland* bekannt ist.[140] Dieser Text wird von Forschern und Bibelübersetzern weltweit am häufigsten verwendet.[141] Mit anderen Worten: Verschiedene Fachleute mit verschiedenen fachlichen Akzentuierungen sind in ihrem Durchkämmen derselben Handschriften zu überraschend ähnlichen Schlussfolgerungen gekommen. Ich weiß das aus eigener Erfahrung, weil ich selbst einer dieser Fachleute war.

Wir können dies noch weiter veranschaulichen, wenn wir uns die ersten vierzehn Verse des Johannesevangeliums ansehen. Fünf komplett verschiedene Ausgaben haben bis zu den einzelnen Buchstaben genau denselben Wortlaut:

- Erasmus' Ausgabe von 1516, erstellt auf der Grundlage zweier Handschriften aus dem zwölften Jahrhundert;
- die 1979er-, 1993er- und 2012er-Ausgaben der Deutschen Bibelgesellschaft, welche von den meisten Forschern verwendet werden;
- die Ausgabe aus dem Jahr 2005 von Maurice Robinson, der die Textart bevorzugt, die sich in den Handschriften des Byzantinischen Reichs widerspiegelt;
- die Ausgabe von Michael Holmes aus dem Jahr 2010, die er unter der Schirmherrschaft der Society of Biblical Literature erstellt hat – der weltweit größten Institution für akademische biblische Forschung, die auch Teil der American Council of Learned Societies ist;
- die Ausgabe, die an unserer Institution, dem Tyndale House, Cambridge, im Jahr 2017 erstellt wurde.

Die Ausgaben der Deutschen Bibelgesellschaft, der Society of Biblical Literature und des Tyndale House folgen unterschiedlichen Ansätze des Edierens bei der Auswertung der reichlichen Textbelege zum Johannesevangelium, die älter sind als die Texte, die Erasmus zur Verfügung hatte. Dazu gehören zwei frühe Papyri – *Papyrus* 66 und *Papyrus* 75 –, die regelmäßig in das frühe dritte Jahrhundert datiert werden.[142]

Doch wenn wir uns diese ersten 14 Verse des Johannesevangeliums ansehen – eine Sequenz aus 188 Wörtern bzw. 812 Buchstaben –, finden wir *keine Unterschiede* in diesen Ausgaben. Erasmus konnte auf Basis der Handschriften, die ihm in Basel kurz vor der Reformation zufällig zur Verfügung standen, genauso gute Arbeit leisten wie die Forscher des 21. Jahrhunderts, die von den Früchten des angesammelten Wissens aus über 500 Jahren profitieren. Dazu gehören alle Handschriften, die in den großen Bibliotheken und Klöstern in Europa und dem Mittleren Osten entdeckt wurden, und auch alle frühen Papyri aus den Zeiten des Römischen Reichs, die im Sand Ägyptens verborgen waren. Das zeigt, dass es absolut berechtigt ist, darauf zu vertrauen, dass der Text der Evangelien über die Jahrhunderte hinweg korrekt weitergegeben wurde.

Ich möchte diese Frage allerdings noch ein wenig weiter zurückverfolgen.

Könnte der Text schon in der Anfangszeit verändert worden sein?

Jemand, der dies liest, könnte vielleicht bereitwillig anerkennen, dass der Text der Evangelien schon seit frühen Tagen weitestgehend unverändert weitergegeben worden ist. Doch er oder sie stellt nun vielleicht noch die berechtigte Frage, warum der Text nicht schon *vor* unseren frühesten Abschriften hätte verändert werden können. Diese Frage können wir auf verschiedenen Ebenen diskutieren.

Bedenken wir zunächst, dass es in diesem Buch nicht darum geht *zu beweisen*, dass die Evangelien wahr sind, sondern zu demonstrieren, dass es vernünftig ist, ihnen zu vertrauen. Ich hoffe, spätestens am Ende dieses Buches gezeigt zu haben, dass das Vertrauen in die Evangelien vernünftiger ist als alle Alternativen. Beweise im mathematischen Sinn gibt es im Bereich der Geschichte nicht.

Zweitens: Zu beweisen, dass sich etwas nicht verändert hat, bedeutet, eine Negation zu beweisen. Doch eine Negation ist oft unbeweisbar.

Drittens: Man kann zeigen, dass es *keinen guten Grund* zu der Annahme gibt, dass sich der Text verändert hat. Das habe ich bisher in diesem Kapitel versucht.

Viertens: Aufgrund der Fakten, die ich oben dargelegt habe, gibt es *guten Grund* zu der Annahme, dass sich der Text nicht verändert hat. Wenn die Entdeckungen der Vergangenheit Schlüsse für zukünftige Entdeckungen zulassen und wenn unser derzeitiges Wissen über Kopisten und Handschriften eine Leitlinie für künftige Funde bieten kann, dann ist mit bedeutenden Textveränderungen nicht zu rechnen. Wer jedoch annimmt, dass sich vor unseren frühesten Handschriften vieles verändert hat, postuliert einen scharfen Bruch zwischen all den Jahrhunderten, die wir kennen, und der Zeit vor unseren frühesten Abschriften. Solche Leute wollen die Evidenzlücken mithilfe ihrer Vorstellungskraft schließen und nicht mit dem, was wir bereits wissen.

Manch einer könnte auch argumentieren, dass die Bücher anfangs vielleicht nicht als heilig angesehen und deswegen einfacher verändert werden konnten; erst als die Bücher heilig wurden, habe man sich genötigt gesehen, im Text keine weiteren Änderungen vorzunehmen. Tatsächlich wird in der skeptischen Geschichtswissenschaft oft behauptet, dass etwas wahrscheinlich so lange nicht der Fall war, bis es zum ersten Mal bezeugt wurde. Doch was, wenn Erasmus oder andere aus seiner Zeit auch so gedacht hätten? Sie hätten vielleicht befürchtet, dass alles Mögliche bis *kurz vor* ihren frühesten Handschriften verändert wurde. Doch spätere Entdeckungen haben gezeigt, dass das nicht der Fall war. Wer von radikalen Veränderungen in der kurzen Zeit zwischen dem Verfassen der Evangelien und unseren frühesten Handschriften ausgeht, läuft also Gefahr, unbewiesene Behauptungen über angebliche Ereignisse in einem Zeitraum aufzustellen, der mit der Entdeckung zusätzlicher Handschriften immer kürzer wird.

Doch angenommen, wir denken über die Jahrzehnte nach der Abfassung der Evangelien nach – vielleicht die ersten zehn, zwanzig, dreißig oder vierzig Jahre. Ist es möglich, dass jemand die Evangelien in diesem Zeitraum verändert hat? Auch das ist schwer vorstellbar, weil sich das Christentum extrem schnell ausbreitete. Je weiter sich die Evangelien verbreiteten, desto schwieriger wäre es geworden, herumzureisen und alle Exemplare zu verändern. Bereits im letzten Viertel des zweiten Jahrhunderts zirkulierten die Evangelien als Sammlung in einem sehr großen Gebiet. Eine Zeit lang müssen die Evangelien sowohl einzeln als auch als vierteilige Sammlung im Umlauf gewesen sein. Und das bedeutet natürlich, dass jeder, der ein Evangelium verändern wollte, dies in beiden Medien (Sammlung oder Einzelausgabe) und an vielen Orten tun musste. Das Szenario absichtlicher Veränderungen in großem Rahmen nimmt damit fantastische Züge an.

Kommen wir zur Frage der Vertrauenswürdigkeit der Evangelientexte zurück. Wir können festhalten, dass es vernünftig ist, den Text, den wir in unseren modernen Ausgaben vorfinden, für äußerst zuverlässig zu halten. Diese Ausgaben zeigen fragliche Textpassagen selbst an. Änderungen am Text gegenüber der ursprünglichen Abfassung müssten sich beschränken auf (1) Änderungen an einem einzelnen Evangelium oder (2) Änderungen, die klein genug waren, um von zuverlässigen Kopisten als authentisch übernommen zu werden, oder (3) Änderungen, für die es bis heute Indizien in unseren Handschriften gibt.

Eines noch: Viele Abschriften wurden von professionellen Kopisten erstellt, die dafür ausgebildet und bezahlt wurden, das, was ihnen vorlag, zuverlässig abzuschreiben. Die Vorstellung, dass Kopisten sich so verhielten, als ob sie Autoren wären, oder dass von ihnen ständig Textveränderungen aus ideologischen Beweggründen ausgegangen wären, entspricht nicht dem, was wir über Kopisten des Altertums wissen.[143]

7

Widersprechen die Evangelien einander?

Bisher haben wir verschiedene Argumente angeschaut, die für die Vertrauenswürdigkeit der Berichte in den Evangelien sprechen, doch nun möchte ich mich mit dem geläufigen Vorwurf auseinandersetzen, die Evangelien enthielten Widersprüche. Da wir vier Berichte über dieselbe Person und ihr Leben haben, ist zu erwarten, dass es viele sich überschneidende Abschnitte sowie viele Möglichkeiten für abweichende Darstellungen zwischen den jeweiligen Berichten gibt. Auch im normalen Leben kommt es häufig vor, dass verschiedene Berichte über dasselbe Ereignis in Konflikt miteinander stehen oder zumindest zu stehen scheinen. Im Lauf der Jahre hat man viele Widersprüche zwischen den Evangelien ausfindig zu machen gemeint. Das legt aber zumindest nahe, dass die Berichte bis zu einem gewissen Grad unabhängig voneinander sind.

In diesem kurzen Streifzug durch das Thema *Widersprüche* werde ich mich jedoch darauf konzentrieren, einige *absichtliche formale Widersprüche* im Johannesevangelium zu untersuchen – Widersprüche zu anderen Abschnitten innerhalb desselben Evangeliums oder zu anderer Literatur (wie dem ersten Johannesbrief, der denselben Autorenstil aufweist). Hier sind einige Beispiele.

1. *Liebe zur Welt*

Denn so hat Gott der Welt seine Liebe gezeigt: Er gab seinen einzigen Sohn, damit jeder, der an ihn glaubt, nicht ins Verderben geht, sondern ewiges Leben hat. (Johannes 3,16)

Hängt euer Herz nicht an die Welt und an nichts, was zu ihr gehört! Wenn jemand die Welt liebt, hat er keinen Platz für die Liebe zum Vater. (1. Johannes 2,15)

2. *Die Leute glaubten (nicht), als sie Jesu Zeichen sahen*

Jesus hielt sich während des ganzen Passafestes in Jerusalem auf. Viele glaubten in dieser Zeit an ihn, weil sie die Wunder sahen, die er tat. (Johannes 2,13)

Obwohl Jesus so viele Wunderzeichen vor den Menschen getan hatte, glaubten sie ihm nicht. (Johannes 12,37)

3. *Sie kennen Jesus (nicht) und wissen (nicht), woher er kommt*

Da rief Jesus, während er das Volk im Tempel unterwies: »Ja, ihr kennt mich und wisst, woher ich bin! (Johannes 7,28)

Jesus erwiderte: »Auch wenn ich als Zeuge für mich selbst spreche, ist meine Aussage dennoch wahr. Denn ich weiß, woher ich gekommen bin und wohin ich gehe. Aber ihr wisst nicht, woher ich komme und wohin ich gehe.« (Johannes 8,14)

»Wo ist denn dein Vater?«, fragten sie. Jesus erwiderte: »Weil ihr nicht wisst, wer ich bin, wisst ihr auch nicht, wer mein Vater ist. Würdet ihr mich kennen, dann würdet ihr auch meinen Vater kennen.« (Johannes 8,19)

4. *Wenn Jesus sich selbst bezeugt, ist sein Zeugnis (nicht) wahr*

Wenn ich als Zeuge für mich selbst auftreten würde, wäre mein Zeugnis nicht glaubwürdig. (Johannes 5,31)

Da sagten die Pharisäer zu ihm: »Jetzt bist du unglaubwürdig, denn du trittst als Zeuge für dich selbst auf.« Jesus erwiderte: »Auch wenn ich als Zeuge für mich selbst spreche, ist meine Aussage dennoch wahr. Denn ich weiß, woher ich gekommen bin und wohin ich gehe. Aber ihr wisst nicht, woher ich komme und wohin ich gehe.« (Johannes 8,13–14)

5. *Jesus verurteilt niemand bzw. hat allen Grund zu verurteilen*

Ihr urteilt nach menschlichen Maßstäben, ich verurteile niemand. (Johannes 8,15)

Und selbst wenn ich ein Urteil ausspreche, so ist es doch richtig, weil ich nicht allein dastehe, sondern in Übereinstimmung mit dem Vater bin, der mich gesandt hat. (Johannes 8,16)

Und was euch betrifft, könnte ich noch viel sagen und hätte allen Grund, euch zu verurteilen. Aber ich sage der Welt nur das, was ich von dem gehört habe, der ganz wahrhaftig ist. Der hat mich gesandt. (Johannes 8,26)

6. *Jesus kam (nicht) in die Welt, um zu richten*

Wer hört, was ich sage, und sich nicht danach richtet, den verurteile nicht ich. Denn ich bin nicht in die Welt gekommen, um die Welt zu richten, sondern um sie zu retten. (Johannes 12,47)

> Denn Gott hat seinen Sohn nicht in die Welt gesandt, um die Welt zu richten, sondern damit die Welt durch ihn gerettet werde. (Johannes 3,17)
>
> Und Jesus sprach: »Ich bin zum Gericht in diese Welt gekommen, damit die Nichtsehenden sehen, und die Sehenden blind werden.« (Johannes 9,39)

Ich hoffe, wenn Sie die obige Liste gelesen und sich mit der subtilen Art und Weise beschäftigt haben, wie das Johannesevangelium geschrieben ist, werden Sie mir darin zustimmen, dass diese formalen Widersprüche beabsichtigt sind. Sie gehören zu den Mitteln, die der Autor verwendet, um uns anzuregen, mehr über die mehrfachen Bedeutungen der betroffenen Wörter nachzudenken.[144] Die Beispiele stimmen uns ein auf ein Zitat des Skeptikers Bart Ehrmann aus einem Buch, in dem er die seiner Meinung nach klarsten Widersprüche innerhalb der Evangelien benennt:

> *Einer meiner am liebsten zitierten offensichtlichen Widersprüche – ich habe das Johannesevangelium jahrelang gelesen, ohne zu bemerken, wie seltsam er ist – befindet sich in Jesu »Abschiedsreden«, seiner letzten Ansprache an seine Jünger, als sie zum letzten Mal miteinander essen. Diese Ansprache nimmt die Kapitel 13 bis 17 im Johannesevangelium ein. In Johannes 13,36 sagt Petrus zu Jesus: »Herr, wo gehst du hin?« Ein paar Verse später sagt Thomas: »Herr, wir wissen nicht einmal, wo du hingehst« (Johannes 14,5). Und dann, ein paar Minuten später, bei derselben Mahlzeit, tadelt Jesus seine Jünger: »Aber jetzt gehe ich zu dem zurück, der mich gesandt hat. Doch keiner von euch fragt mich, wohin ich gehe« (Johannes 16,5). Entweder hatte Jesus eine sehr kurze Aufmerksamkeitsspanne, oder da stimmt etwas nicht mit den Quellen für*

diese Kapitel, sodass sich eine merkwürdige Diskrepanz ergibt.[145]

Dieses Beispiel ist Teil der kumulativen Argumentation von Ehrman, dass die Evangelien unvereinbare Widersprüche enthalten. Doch offenbaren diese Aussagen auch Ehrmans methodische Schwächen. In jedem oben aufgelisteten Beispiel spricht Jesus auf einer oder gar auf beiden Seiten des Widerspruchs. Doch warum sollte ein herausragender Lehrer denn keine Paradoxa verwenden? Jeder der formalen Widersprüche, die wir gesehen haben, weist auf den Mehrfachsinn verschiedener Wörter hin. Im Johannesevangelium geht Jesus ans Kreuz und dann zu Gott, seinem Vater. Danach fragen die Jünger aber nicht, sondern sie denken nur in alltäglichen Dimensionen darüber nach, wohin denn Jesus als Nächstes geht. Ehrman hat einfach die Ironie nicht begriffen.

Das Problem liegt also anscheinend darin, dass die Frage der Widersprüche sich zunehmend zu einer Art Punktwettkampf entwickelt hat zwischen denjenigen, die Fehler in den Evangelien suchen, und solchen, die sie abstreiten. Hier hat der Autor des Johannesevangeliums *oberflächliche sprachliche Widersprüche* mit aufgenommen, um die Leser zum gründlicheren Nachdenken anzuregen. Charles Dickens geht in *Eine Geschichte von zwei Städten* ähnlich vor, indem er den Roman mit einer ganzen Reihe von Widersprüchen beginnt, um die Unstimmigkeiten der beschriebenen Ära zu vermitteln. Berühmt ist der erste Satz: »Es war die beste und die schlimmste Zeit, ein Jahrhundert der Weisheit und des Unsinns, eine Epoche des Glaubens und des Unglaubens, eine Periode des Lichts und der Finsternis.«[146]

Das Vorkommen dieser *absichtlichen formalen Widersprüche* impliziert doch gerade nicht, dass die widersprüchlichen Aussagen nicht beide auf einer tieferen Ebene wahr sein können. Sie zeigen, dass der Autor eher daran interessiert ist, die Leser zum Nachdenken anzuregen, als solche zufriedenzustellen, die darauf aus sind, Fehler zu entdecken.

Und wenn ein Autor Worte und Wendungen in mehrfachem Sinn gebrauchen kann, warum können nicht auch zwei Autoren das tun? Wenn jemand geltend machen will, dass Berichte in zwei Evangelien sich derart widersprechen, dass unmöglich beide wahr sein können, dann muss er zuerst sicherstellen, dass er richtig verstanden hat, was in jedem der Texte behauptet wird, und dass er keinen der Berichte auf eine Art und Weise liest, die nicht der Aussageabsicht entspricht. Bei all den vermeintlichen Widersprüchen in den Evangelien und bei allen immer noch rätselhaften Texten kenne ich keinen Konflikt, der nicht auflösbar wäre.

8

Wer sollte das alles erfunden haben?

Es gibt viele Einzelheiten in den Evangelien, die sich die Verfasser kaum ausgedacht haben dürften. Auch wenn man sich meistens komplexe Gründe vorstellen kann, warum jemand sich so etwas ausdenken *könnte,* sind das nicht gerade die einfachsten Erklärungen. Die einfachste Erklärung ist, dass diese Berichte wahr sind.

Das offensichtlichste Beispiel ist der schmachvolle Tod Jesu am Kreuz. Die Römer nutzten Kreuzigungen ja auch, um zu zeigen, dass sie die Macht hatten, während der Gekreuzigte besiegt und gescheitert war. Dennoch zeichnen die Evangelisten dieses Ereignis und noch viele weitere auf, die für ihre Sache peinlich erscheinen konnten. Alle vier Evangelien erzählen davon, wie Petrus, einer der führenden Jünger, dreimal abstritt, Jesus zu kennen. In allen vier Evangelien werden die Jünger als »schwer von Begriff« dargestellt, und im zentralen Moment der Verhaftung Jesu machen sie sich aus dem Staub.

Man kann sich schwer vorstellen, warum die Jünger selbst oder jemand, der ihrer Führung folgte, solche Geschichten erfinden würden. Auch dass jemand ein auf den Informationen der Jünger fußendes Evangelium schreibt, dann aber solche Dinge dazuerfindet, ergibt keinen Sinn. Und das ist erst der Anfang. Abschnitte, in denen die Jünger kritisch dargestellt werden, sind im ganzen Textmaterial der Evangelien zu finden.[147] Dass die Kerntexte des Christentums so viel Material enthalten, in dem die ersten Anführer der Christen so schlecht wegkommen, ist, verglichen mit anderen religiösen und politischen Bewegungen, ungewöhnlich. Eine einfache Interpretation ist die, dass die kritischen Berichte über die frühen Anführer der Christen für die Glaubwürdigkeit der Quellen sprechen.

Was ist mit Wundern?

Das größte Hindernis, die Evangelien als historisch glaubwürdig zu betrachten, besteht für viele Menschen zweifelsohne darin, dass sie so viele Wunderberichte enthalten. Wenn Wunder heute nicht (mehr) passieren, warum sollten wir dann glauben, dass sie damals passiert sind? Für manche Kritiker könnte die Situation in den berühmten Worten von Sherlock Holmes zusammengefasst werden: »Wenn du das Unmögliche ausgeschlossen hast, dann ist das, was übrig bleibt, die Wahrheit, wie unwahrscheinlich sie auch ist.«[148] Wunder sind unmöglich, heißt es nach diesem Argument. Daher müssen historische Rekonstruktionen ohne Wunder, egal wie unwahrscheinlich sie erscheinen, korrekt sein.

Wenn wir also beispielsweise den atheistischen Materialismus voraussetzen, nach dem die physische Welt die einzige Wirklichkeit ist, dann sind Wunder, wie Christen sie verstehen, natürlich unmöglich. Mit keiner noch so glaubwürdigen Zeugenaussage könnte man jemals ein für den Atheisten akzeptables Gegenargument aufstellen. Manchmal werden christliche Argumente für Wunder an diesem Standard gemessen und dann natürlich für mangelhaft befunden. Doch das Problem liegt darin, dass man von einer atheistisch-materialistischen Sichtweise ausgegangen ist. Die Schlussfolgerung ist aufgrund der Prämisse vorprogrammiert.

Doch wenn Christen für die Echtheit der in den Evangelien aufgezeichneten Wunder argumentieren, machen sie normalerweise nicht ihr ganzes Argument für die Wahrheit des Christentums von Wundern abhängig. Sie glauben, dass wir in einem Universum leben, das Hinweise auf einen Schöpfer enthält, und dass die aufeinander zulaufenden Indizienketten für die Wahrheit des Christentums verschiedenste Argumente enthalten: das Wesen der Botschaft, den moralischen Realismus der biblischen Geschichte, die Erfüllung von Prophetien, den inneren Zusammenhang der Bibel, die Notwendigkeit einer Quelle absoluter moralischer Werte, den Anschein einer Zweckbestimmung des Lebens und der Natur, ihre eigene Erfahrung und anderes mehr. Ob diese Argumente gültig sind oder nicht, muss in anderen Büchern untersucht werden. Fest steht aber: Ob wir glauben, dass Wunder möglich oder gar wahrscheinlich sind, hängt entscheidend von vorgefassten *Überzeugungen* über das Wesen des Universums ab.[149]

Wenn man vom materialistischen Atheismus felsenfest überzeugt ist, dann kann es kaum genug Indizien geben, um einen dazu zu bringen, an ein willkürliches und sinnloses Wunder, das für die eigene Weltanschauung ja bloß eine Anomalie darstellt, zu glauben. Diejenigen, die Christus für den Sohn Gottes halten, argumentieren aber natürlich nicht für merkwürdige und anomale Wunder, sondern für solche, die ein sinnvolles Muster ergeben. Zweifelsohne aber werden die Wunder in den Evangelien plausibler erscheinen, wenn man rational bereits davon überzeugt ist, dass Gott existiert, in der Geschichte Israels Wunder vollbracht und einen künftigen Messias prophezeit hat.

Carl Sagan hat den berühmten Satz »Außergewöhnliche Behauptungen erfordern außergewöhnliche Beweise«[150] populär gemacht. Er ist eine der Lieblingsphrasen sogenannter Skeptiker, wenn sie deutlich machen wollen, dass es für einen Glauben an die Wunder in der Bibel nicht genügend Beweise gibt. Das Problem mit dieser scheinbar selbstverständlichen Aussage ist, dass außergewöhnlich nicht definiert wird. Für einen Atheisten ist der Glaube an die Wunder der Evangelien außergewöhnlich. Für manche Gottesgläubige ist die Überzeugung, dass aus nicht lebender Materie spontan Leben entstand, ähnlich schwierig nachzuvollziehen. Genauso verhält es sich mit der Überzeugung, dass sich Lebewesen mit einem Bewusstsein aus bewusstloser Materie entwickelt haben. Doch Atheisten haben kaum Schwierigkeiten damit, diese beiden Vorstellungen zu akzeptieren. Die Frage, ob die Überzeugungen des Christen oder die des Atheisten in dieser Hinsicht rational sind, kann hier nicht behandelt werden. Eines will ich aber dazu sagen:

Wenn die meisten bekennenden Skeptiker die Überzeugung akzeptieren, dass Leben zuerst aus nicht lebender Materie oder das Bewusstsein aus Unbewusstsein auf rein materiellem Wege und ohne übernatürliche Lenkung entstanden sei, dann glauben sie, dass diese Auffassungen nur dem *normalen* Evidenzstandard gerecht werden müssen und keinem *außergewöhnlich hohen.* Die Menschheit ist geteilter Meinung darüber, ob Wunder möglich sind, aber auch darüber, ob eine gänzlich materialistische Erklärung der Ursprünge möglich ist. Doch die meisten Menschen scheinen sich gegen die radikalmaterialistischen Erklärungen und für einen Glauben an Wunder zu entscheiden. Von der jeweils anderen Gruppe »außergewöhnliche Beweise« zu verlangen, beinhaltet auf beiden Seiten das Risiko, sich in Zirkelschlüssen zu verlieren.

Ein weiterer Einwand gegen Wunder ist, dass sie die Ordnungsmäßigkeit naturwissenschaftlicher Erklärungen stören. Doch bei diesem Einwand vergisst man eine gemeinsame Eigenschaft aller biblischen Wunder: Sie werden nicht als willkürliche Störungen eines ansonsten geordneten Universums dargestellt, sondern als Ereignisse, die tatsächlich ein strukturiertes Muster bilden, das auf sinnvolle Handlungen Gottes in der Welt hindeutet. Die Berichte über die Wunder Jesu zerstören keine Ordnung, sondern sind Zeichen dafür, wer er ist.

Belege für die Auferstehung Jesu

In diesem Buch wurde argumentiert, dass die Evangelien zahlreiche Hinweise auf ihre Glaubwürdigkeit enthalten. Um diese Argumentation aufzustellen, habe ich mir das Thema der Wunder größtenteils für dieses Kapitel aufgespart. Die bisherige Schlussfolgerung könnten wir wie folgt formulieren: Gäbe es die vielen Wunderberichte in den Evangelien nicht, so hätten die meisten Historiker kein Problem damit, ihre Berichte im Allgemeinen als historisch zuverlässig anzusehen. Das an sich ist schon bemerkenswert. Betrachten wir die Evangelien nun *mit* ihren Wundern.

Wenn sich jemand einer atheistisch-materialistischen Position in Bezug auf Wunder verschrieben hat, dann wird es kein Beweis der Welt schaffen, diese Überzeugung zu ändern. Er oder sie wird für die in diesem Buch angeführten Belege alternative Erklärungen finden. Ich glaube, dass diese alternativen Erklärungen komplex sein und sich auf viele Szenarien berufen müssen, die normalerweise als unwahrscheinlich gelten. Die historische Zuverlässigkeit der Evangelien zu akzeptieren, ist dagegen eine recht simple Angelegenheit.

Für diejenigen, die flexibler sind, kann die Auferstehung Jesu jedoch ein weiteres Argument für die Zuverlässigkeit der Evangelien liefern. Da bereits viele Bücher die Argumente für die Historizität der Auferstehung Jesu darlegen,[151] fasse ich mich bei meiner Argumentation dafür kurz.

Fangen wir mit zwei Tatsachen an, die allgemein akzeptiert werden, sogar von denen, die die Auferstehung anzweifeln: (1) dass Jesus begraben wurde und das Grab später leer vorgefunden wurde;[152] (2) dass viele unterschiedliche Leute glaubten, Jesus nach seiner Auferstehung von den Toten gesehen zu haben.

Wir begründen die Vorstellung des leeren Grabes mit äußerst starken Belegen für die Wichtigkeit von Begräbnissen unter den Juden – selbst bei verurteilten Straftätern – und damit, dass die Evangelien und andere frühchristliche Traditionen das leere Grab betonen. Außerdem ist es schwer vorstellbar, dass sich der Glaube an einen auferstandenen Jesus weiterverbreitet hätte, wenn man einfach auf das Grab hätte verweisen können, in dem er immer noch lag.

Die Vorstellung, dass viele verschiedene Leute glaubten, den von den Toten auferstandenen Jesus gesehen zu haben, begründen wir nicht nur mit den Berichten in den Evangelien (die sich vor allem auf die Frauen am Grab konzentrieren, obwohl Zeugenaussagen von Frauen rechtlich nicht anerkannt wurden[153]), sondern auch mit der schieren Unterschiedlichkeit all der Auferstehungserscheinungen, die in den übrigen Schriften des Neuen Testaments geltend gemacht werden. Der auferstandene Jesus soll in Judäa[154] und in Galiläa,[155] in Städten[156] und auf dem Land,[157] in Häusern[158] und draußen,[159] morgens[160] und abends,[161] mit Ankündigung[162] und ohne,[163] nah[164] und fern,[165] auf einem Hügel[166] und bei einem See,[167] bei Gruppen von Männern[168] und Frauen,[169] bei Einzelpersonen[170] und Gruppen mit bis zu 500 Leuten,[171] sitzend,[172] stehend,[173] gehend,[174] essend[175] und *immer* sprechend[176] erschienen sein. Viele Erscheinungen sind ausdrücklich Begegnungen von Angesicht zu Angesicht, bei denen miteinander gesprochen wird. Diese Erscheinungsmuster in den Evangelien und den frühchristlichen Briefen sind nur schwer vorstellbar, wenn es nicht eine Vielzahl von Personen gab, die behaupteten, Jesus als von den Toten auferstanden gesehen zu haben.

Jede dieser beiden Argumentationsketten allein ergäbe starke Belege dafür, dass etwas Außergewöhnliches passiert war. Das leere Grab könnte damit erklärt werden, dass jemand den Leichnam entfernt hat, was zwar grotesk gewesen wäre, aber Teil einer von einigen wenigen Leuten geplanten betrügerischen Strategie hätte sein können. Dies würde jedoch nicht die vielen Behauptungen verschiedenster Leute erklären, den von den Toten auferstandenen Jesus gesehen zu haben. Die Kombination aus beidem, dem leeren Grab und den Auferstehungserscheinungen, wäre Stoff für einen äußerst spannenden Krimi.

Wir können allerdings noch weitere Argumentationsketten anführen, die es noch schwieriger machen, die Fakten ohne Rückgriff auf ein Wunder erklären zu wollen.

Man könnte ein gutes Argument dafür formulieren, dass es im Judentum ein sehr merkwürdiger Gedanke gewesen wäre, dass *eine Person* vor der allgemeinen Auferstehung aller von den Toten auferstanden sein sollte. Daher ist es unwahrscheinlich, dass frühe Christen so etwas erfunden hätten, um die Jesus-Bewegung nach dem Tod ihres Anführers am Leben zu erhalten.[177]

Zudem handeln die Berichte vom leeren Grab und den Erscheinungen des Auferstandenen nicht von irgendjemandem, sondern von einem, der allen Berichten zufolge ganz außergewöhnlich war. Ihm werden mehr Wunder zugeschrieben als jedem anderen Rabbi; auf ihn werden die erste Version der positiven goldenen Regel und einige überaus beliebte Geschichten zurückgeführt; er soll ein Nachkomme König Davids[178] sein und der wohl bemerkenswertesten ethnischen Gruppe der Welt angehören;[179] er wurde anscheinend von den Römern für seine Behauptung hingerichtet, der König der Juden zu sein. Zudem starb er »zufällig« (und sogar laut nichtchristlichen Quellen) genau zur Zeit des Passahfestes,[180] mit dem die Juden ihre größte Befreiung feierten – die aus der Sklaverei in Ägypten. Man könnte noch mehr »Zufälle« anführen. Doch kommt irgendwann der Punkt, an dem Jesu Wunder nicht mehr das Muster eines geordneten, mechanistischen

Universums *stören,* sondern in Wirklichkeit selbst ein Muster *bilden.* Man kann versuchen, jedes Phänomen einzeln wegzuerklären, doch eine einzige und simple Erklärung bringt alle Fakten sinnvoll zusammen.

Jesus – die einfachere Erklärung

Das Johannesevangelium beginnt mit den Worten »Im Anfang war das Wort. Das Wort war bei Gott, ja das Wort *war* Gott« (1,1). Danach wird erklärt, dass dieses Wort *Mensch wurde* (1,14) und *Jesus Christus* (1,17) ist. Hier steht, dass *das Wort* – was in der griechischen Philosophie ein abstraktes kreatives Prinzip war und sich in der jüdischen Sprache auf Gott selbst beziehen konnte – schon immer existiert hat, Gott ist und sich dennoch von Gott unterscheidet. All das steht in einem jüdischen Bezugsrahmen, in dem es nur einen Gott gibt. Das Wort kommt auf die Erde und tut, was Wörter tun – es kommuniziert. Das Wort sagt uns, wer Gott ist.

Diese Darstellung Jesu als derjenige, der uns sagt, wer Gott ist, kann man auch in den synoptischen Evangelien finden. Sie enthalten alle den Gedanken, dass Gott seinen Sohn sandte, um uns zu zeigen, wer Gott ist, und um sein Leben für das Heil der Menschen zu geben (Matthäus 20,28; Markus 10,45; Lukas 19,19; 22,20). Die Darstellung Jesu in den Evangelien zu akzeptieren, bietet tatsächlich die beste einheitliche Erklärung für eine ganze Reihe von Phänomenen in den Evangelien, die sich sonst nur auf komplizierte Weise erklären ließen.

Wenn die Darstellung Jesu in den Evangelien falsch ist, hat man viele intellektuelle Hürden zu überwinden, um zu erklären, warum so viele historische Details richtig oder plausibel sind. Man muss erklären, wie die verschiedenen Schichten des Textmaterials in den Evangelien aufkamen – sie zeugen ja alle davon, dass ihr jeweiliger Autor mit der Zeit, in der Jesus lebte, bestens vertraut war, und sie weisen allesamt die Eigenschaften auf, die man von den frühesten jüdischen Überlieferungsschichten erwarten würde. Man muss den Ursprung der Gleichnisse erklären, die neuartige Lehre und all die Fälle, in denen Aussagen in einem Evangelium sich am einfachsten dadurch erklären lassen, dass man sie von einem anderen her beleuchtet. Man muss zudem erklären, wie die Bewegung der Nachfolger Jesu zahlenmäßig auf eine Weise explodierte, über deren Ursache sich die Historiker nicht einig werden.

Ich möchte auf keinen Fall behaupten, man könnte das alles nicht auch wegerklären. Menschen sind raffiniert, und deshalb können sie natürlich alles Mögliche wegerklären. Ja, ein bedeutender Teil der professionellen Bibelforschung ist relativ erfolgreich darin gewesen, Erklärungen für jedes der in diesem Buch erwähnten Phänomene zu bieten. Allerdings spricht dies möglicherweise eher für den menschlichen Einfallsreichtum als für die Richtigkeit dieser Erklärungen.

Gehen wir also zum Titel dieses Buches zurück: *Können wir den Evangelien vertrauen?* Ja, behaupte ich, es ist vernünftig, ihnen zu vertrauen. Sowohl in intellektueller Hinsicht als auch in größeren Zusammenhängen ist es eine befriedigende Entscheidung, der Botschaft wie auch der Geschichtlichkeit der Evangelien zu vertrauen. Das Vertrauen zu den Evangelien vermag viele historische und literarische Phänomene zu erklären. Doch wenn die Evangelien damit richtigliegen, dass sie uns Menschen als Gegner Gottes und als Sünder darstellen, liefern sie auch die Antwort auf diese Probleme – in der Schilderung des Lebens, der Lehre, des Todes und der Auferstehung dieser bemerkenswerten Person namens Jesus Christus.

Es ist zudem beachtenswert, dass die Berichte über Jesus innerhalb der Evangelien neben den bereits behandelten Mustern auch ein Muster mit dem Alten Testament bilden – das in seiner Gesamtheit eindeutig vor dem irdischen Leben Jesu verfasst wurde.

Christen haben das Alte Testament schon immer so verstanden, dass es Jesus Christus auf eine Weise ankündigt, zu deren Erforschung noch viele weitere Bücher erforderlich wären.

Das Alte Testament beginnt mit der Geschichte einer vollkommenen Schöpfung, die durch die Sünde des Menschen ruiniert wird, was für die Menschheit das Todesurteil und die Verbannung aus Gottes Gegenwart bedeutet. Der Tod ist die Strafe für Sünde, Blut ist heilig, es braucht ein Opfer, und ein künftiger »Same« (d.h. ein Nachkomme) wird angekündigt, der den Menschen erlösen soll. Abraham, der Mann, dem Gott ein besonderes Vorrecht schenkt, bekommt entgegen allen Erwartungen einen besonderen Sohn und soll ihn als Opfer darbringen, doch wird das im letzten Moment verhindert, sodass der Sohn, an dessen Stelle ein Widder geopfert wird, weiterlebt. Abrahams Nachkommen werden lange in Ägypten unterdrückt und dann von dort befreit – aber erst, nachdem sie Lämmer geopfert und zum Schutz vor Gottes Gericht deren Blut an ihre Türpfosten geschmiert haben. Nach der Befreiung aus Ägypten erleben sie Gottes Gegenwart in ihrer Mitte in Form eines einzigartigen Zeltes. In diese Gegenwart Gottes kann man nur durch Opfer treten. Im verheißenen Land bekommen sie einen König, David, dem ein Nachkomme (wörtl. »Same«, 2. Samuel 7,12) versprochen wird, der in Ewigkeit auf seinem Thron sitzen wird. Eine Kultur, in der es nur einen Gott gibt, spricht mutig durch ihre Propheten von einem *starken Gott,* der geboren wird (Jesaja 9,6; vgl. 10,21), der durchbohrt und betrauert wird (Sacharja12,10–11); sie spricht von Einem, dem Dinge zugeschrieben werden, die sonst nur für Gott gelten (Jesaja 52,13), der stirbt,[181] danach aber wieder lebt (Jesaja 53,11–12).

Diese Dinge und noch viele andere fügen sich nahtlos zusammen mit dem Leben, dem Opfertod und der darauf folgenden Auferstehung Jesu – nicht nur in den Augen glaubender Menschen, sondern auch in den Augen solcher, die der Historizität der Evangelien skeptisch gegenüberstehen und all die Entsprechungen zwischen Jesu Geschichte und dem Alten Testament als Beleg dafür werten, dass große Teile der Erzählungen über Jesus in den Evangelien auf der Basis des Alten Testaments erfunden wurden.[182] Wer nicht mit dem Alten Testament oder den Evangelien vertraut ist, dem mag die oben aufgeführte Liste der Gemeinsamkeiten wie Wunschdenken erscheinen. Doch Forscher aus den verschiedensten Lagern sind sich darüber einig, dass es eine starke Korrelation zwischen den Berichten der Evangelien über Jesus und dem Alten Testament gibt, auch wenn sie sich in vielen einzelnen Interpretationspunkten uneinig sind.

Ich möchte diese wechselseitige Entsprechung daher als gegeben betrachten. Eine Option ist natürlich, aufgrund dieser Korrespondenz die Behauptung aufzustellen, die ersten Christen hätten die Geschichten in den Evangelien auf der Basis des Alten Testaments erfunden. Das Problem dabei ist, dass dieses Modell die vielen Muster, die wir betrachtet haben, nicht erklären kann. Dazu zählen die ungeplanten Übereinstimmungen, die detaillierten Kenntnisse der damaligen Kultur, die Existenz der Gleichnisse, die genialen Lehren Jesu, die sorgfältige Unterscheidung zwischen Rede und Erzählung und vieles mehr. Entweder hatte Jesus die Absicht zu sterben und erkannte in diesem Falle wahrscheinlich bereits selbst, dass das Alte Testament von ihm sprach, oder er verkalkulierte sich mit seinem Tod. Im zweiten Fall wäre es ein extremer Glücksfall für seine treuen Nachfolger gewesen, die seinen Tod in eine Erfolgsbotschaft ummünzen wollten, dass sie im Alten Testament so viel Material dafür zur Verfügung hatten. Dieses Material konnte dann in eine Botschaft eines göttlichen Erlösers umformuliert werden, der die Welt durch seinen Opfertod rettet, aus dem er irgendwie wieder ins Leben zurückkehrt.

Eine viel einfachere Position ist die eine Annahme, dass die gesamte Weltgeschichte von Jesus abhängt. Sie ist eine einheitliche und simple Annahme, aber ich behaupte nicht, dass sie geringfügig wäre.[183] Sie hat eine gewaltige erklärende Kraft, denn sie wirft Licht auf die Zeichen in den Evangelien, die man normalerweise als Zeichen der Zuverlässigkeit auffassen würde; auf die Genialität Jesu in Charakter und Lehre sowie auf die Indizien für die Auferstehung und für die Entsprechungen des Lebens Jesu mit dem Alten Testament. Und nicht zuletzt: Wenn Jesus das Wort ist, das mit Gott zusammen ewig besteht, und derjenige, der in die Welt kam, um sie zu retten, dann ist die Frage der Vertrauenswürdigkeit der Evangelien nicht einfach nur eine Frage historischen Interesses. Wenn die Darstellung Jesu in den Evangelien im Grunde wahr ist, dann erfordert das als logische Schlussfolgerung, dass wir die Herrschaft über unser Leben abtreten, um Jesus Christus zu dienen, der in jedem Evangelium mehrmals sagte: »Folge mir nach.«

Anmerkungen

Vorwort

1 Ich würde vor allem folgende Publikationen empfehlen (alle in englischer Sprache – *Anm. d. Übers.*): Charles E. Hill, *Who Chose the Gospels? Probing the Great Gospel Conspiracy* (Oxford: Oxford University Press, 2010); Lydia McGrew, *Hidden in Plain View: Undesigned Coincidences in the Gospels and Acts* (Chillicothe, OH: DeWard, 2017); Brant Pitre, *The Case for Jesus: The Biblical and Historical Evidence for Christ* (New York: Image, 2016), und das ausführlichere Werk von Craig L. Blomberg, *The Historical Reliability of the New Testament* (Nashville: B&H Academic, 2016).

Einleitung

2 Zwar mag das Wort *übernatürlich* eine Kluft zwischen einer mechanisch-natürlichen und einer übernatürlichen Welt implizieren, doch möchte ich hiermit nicht mehr sagen, als dass die Evangelien von wundersamen Ereignissen erzählen, die bei den meisten Menschen nicht zu ihren alltäglichen Erfahrungen zählen.

Kapitel 1 – Was sagen nichtchristliche Quellen?

3 Tacitus hat wohl auch den *Dialogus de oratoribus* geschrieben, der aber einen etwas anderen Stil aufweist.

4 Siehe Ronald Syme, »Tacitus: Some Sources of His Information«, in *The Journal of Roman Studies* 72 (1982), 68–82.

5 M. C. Howatson, ed., *The Oxford Companion to Classical Literature*, 2nd ed. (Oxford: Oxford University Press, 1997), 548.

6 In der ältesten Handschrift dieses Abschnitts, Codex *Laurentianus Mediceus* 68.2, steht *Chrestianos*, was ein späterer Kopist zu *Christianos* korrigierte (Akkusativ Plural von *Christianus*). Die Schreibweise mit *e* statt *i* war in den ersten Jahrhunderten sehr weit verbreitet, doch Tacitus sagt selbst, dass das Wort von *Christus* abgeleitet ist und daher mit *i* geschrieben wird, auch wenn die »Masse« diese religiöse Gruppe *Chrestiani* nannte. Es gilt als erwiesen, dass es auch in den ersten Jahrhunderten nach Tacitus diese Vokalverwirrung gab. Justin der Märtyrer schrieb seine *Erste Apologie* (4) in Griechenland an den römischen Kaiser Antoninus Pius mit einem Wortspiel, das den Namen der Christen mit dem Wort für *gut* (chrēstos) in Verbindung brachte. Um das Jahr 200 n. Chr. beklagt Tertullian in *Apologie* 3, dass Christen von ihren Gegnern fälschlicherweise *Chrestiani* genannt werden. Zu Beginn des vierten Jahrhunderts schreibt Lactantius in *Divinae institutiones* 4.7, dass Latein sprechende Menschen Christus manchmal fälschlicherweise *Chrestus* nennen. In biblischen Handschriften haben wir zwar frühe Beispiele für eine Schreibweise von *Christus* und *Christ* mit *i* (siehe Handschrift *TM 6167* mit *Christos* und *Papyrus* 72 bei 1. Petrus 4,16 mit *Christianos*), doch sind sie vor dem fünften Jahrhundert nicht in der klaren Mehrheit, vor allem weil der Name *Christus* in den neutestamentlichen Handschriften abgekürzt wird, sodass der Vokal unsichtbar bleibt. Obwohl die griechische Aussprache sich auch gewandelt hat, gibt es zahlreiche Belege aus dem vierten Jahrhundert und früher für die Verwendung von anderen Vokalen als dem griechischen *iota*, was normalerweise für einen *i*-Ton stand. *Codex Vaticanus* und *Codex Sinaiticus* (beide aus dem vierten Jahrhundert) sind die frühesten Handschriften mit den drei

Stellen im Neuen Testament, an denen das Wort *Christ* vorkommt (Apostelgeschichte 11,26; 26,28; 1. Petrus 4,16). *Vaticanus* hat *Chreistianos* (griechisch: χρειστιανος) und *Sinaiticus* hat *Chrēstianos* (griechisch: χρηστιανος) verwendet. In *Vaticanus* werden auch *Antichrist* und *Pseudochrist* mit *ei* (ει) geschrieben, und *ei* wird auch in den beiden Fällen verwendet, wenn der Name *Christus* ausgeschrieben wird (siehe Matthäus 24,24; Markus 13,22; 2. Korinther 10,7; 1. Petrus 1,11; 1. Johannes 2,18.22; 4,3; 2. Johannes 7). Die Form mit dem *eta* ist die mehrheitliche Schreibweise in den frühesten koptischen Versionen des Neuen Testaments. Das enge Zusammenspiel von *iota* und *eta* lässt im Griechischen Wortspiele zwischen dem Wort *gut* (chrestos) und dem Wort *Christus* (Christos) im 1. Petrusbrief 2,3 zu. Manche Experten unterscheiden die in Tacitus erwähnte Gruppe von den späteren Christen, ignorieren dabei jedoch die starken Zeugnisse für den Vokaltausch im Lateinischen und Griechischen und gehen zudem davon aus, dass Tacitus zutiefst verwirrt war. Außerdem erklären sie damit nicht, warum Suetonius in *Vita Neronis* 16 eine Gruppe, die Nero zu jener Zeit bestrafte, *Chrestiani* nannte. Vielmehr erfinden sie eine sonst unbekannte Gruppe mit dem Namen *Chrestiani*, die sich in großer Zahl in Rom aufhält und zeitweise verfolgt wird – und zwar genau so, wie spätere Christen deren Verfolgung beschreiben. Und diese angeblich weitverbreiteten Chrestiani verschwinden dann plötzlich von der Erdoberfläche.

7 Tacitus, *Annalen* 15.44. Die Übersetzung ins Deutsche entstammt G. F. Strodtbeck, *Des Publius Cornelius Tacitus Werke: Zweite Abteilung – die Jahrbücher* (Stuttgart: J. B. Metzler, 1856–1858), 488–489. Zur besseren Lesbarkeit wurde die Übersetzung leicht angepasst. Zudem wurde der Konsistenz halber die Schreibweise *Chresten* anstelle von *Christen* verwendet (siehe vorherige Fußnote).

8 Der Name diente der Unterscheidung vom Latein der goldenen Epoche Ciceros (107/106–43 v. Chr.).

9 Belege für den Austausch von *e* und *i* finden Sie in E. H. Sturtevant, *The Pronunciation of Greek and Latin: The Sounds and Accents* (Chicago: University of Chicago Press, 1920), 15–29, 120. Zum Erstkontakt mit einer Gruppe gehört üblicherweise die falsche Aussprache ihres Namens, was dann nachfolgend korrigiert wird. Im Westen wurde beispielsweise die weniger korrekte Schreibweise *Moslem* erst vor nicht allzu langer Zeit durch die genauere Schreibweise *Muslim* ersetzt.

10 Oder möglicherweise zwischen 111 und 113 n. Chr.

11 Gaius Plinius Caecilius Secundus, *Briefe*, lateinisch-deutsch, hg. von Helmut Kasten, 5. Auflage (Darmstadt: Artemis Verlag/Wissenschaftliche Buchgesellschaft, 1984), 641–645. Geringfügige Abweichungen der Zeichensetzung und orthographische Fehler des zitierten Textes werden hier wie auch an anderen Stellen stillschweigend korrigiert.

12 Z. B. 1. Korinther 8,6; Epheser 4,6; 1. Timotheus 2,5.

13 Der rabbinische Experte Daniel Boyarin behauptet, dass »zur Zeit Jesu viele Israeliten einen Messias erwarteten, der göttlich sein und in menschlicher Gestalt auf die Erde kommen würde.« Diese Position ist kontrovers, bestätigt aber dennoch, dass der Glaube an Jesu Göttlichkeit sehr früh anfing. Boyarin schreibt zudem: »Die Vorstellung von Jesus als göttlich-menschlichem Messias reicht zurück bis ganz zum Anfang der christlichen Bewegung, bis zu Jesus selbst, und sogar noch weiter.« Siehe D. Boyarin, *The Jewish Gospels: The Story of the Jewish Christ* (New York: New Press, 2012), 6, 7.

14 Josephus, *Altertümer* 18.116–119. Siehe auch die Diskussion unter der Überschrift »Zwei Ehefrauen«, die auf S. 95 anfängt.

15 Josephus, *Altertümer* 18.63–64.

16 Josephus, *Altertümer* 20.9.1, Flavius Josephus' Werke: *Altertümer, Krieg, Apion, Leben.* Übersetzt von Heinrich Clementz.

17 Bruder kann auch »Halbbruder« bedeuten, und in Matthäus 13,55 wird dieser Titel so verwendet, dass er mit der in Matthäus 1,18–25 gegebenen Auskunft kompatibel ist, wonach weder Josef noch sonst jemand zu Marias Schwangerschaft beigetragen hatte.

18 In Johannes 7,42 wird der Glaube, dass Jesus in Bethlehem geboren wurde und von David abstammte, mit Ironie vermittelt. Etwaige materielle Indizien dafür, dass manche Leute zur Zeit des Neuen Testaments behaupteten, dass sie ihren Stammbaum bis zu David zurückverfolgen konnten, finden Sie in *Corpus Inscriptionum Iudaeae/Palaestinae,* Band 1: Jerusalem, Teil 1: 1–704, Hg. Hannah M. Cotton, Leah Di Segni, Werner Eck, Benjamin Isaac, Alla Kushnir-Stein, Haggai Misgav, Jonathan Price, Israel Roll und Ada Yardeni (Berlin: De Gruyter, 2010), 88–90.

Kapitel 2 – Was sind die vier Evangelien?

19 Belege für die Abhängigkeit des *Thomasevangeliums* von neutestamentlichen Schriften finden Sie beispielsweise in S. J. Gathercole, *The Composition of the Gospel of Thomas: Original Language and Influences* (Cambridge: Cambridge University Press, 2012).

20 Bart D. Ehrman, *Truth and Fiction in The Da Vinci Code* (Oxford: Oxford University Press, 2004), 102.

21 Dublin, Chester Beatty Library, Papyrus Chester Beatty I. Ein Blatt des *Papyrus 45* befindet sich in Wien: Österreichische Nationalbibliothek, Papyrus Griechisch 31794. Ähnlich datiert werden die unvollständige Handschrift *Papyrus 75* im Vatikan oder der *Papyrus Bodmer XIV–XV,* der Lukas und Johannes enthält. Manuskripte werden generell nach ihrer Handschrift und dem archäologischen Kontext, in dem sie gefunden werden, datiert. Manche Fachleute datieren die Handschrift in biblischen Manuskripten, indem sie sie mit der Handschrift in antiken juristischen Texten vergleichen, die oft datiert sind. Diese Vorgehensweise ist zwar nicht exakt, aber Manuskripte können so in der Regel mit einem Spielraum von etwa hundert Jahren datiert werden.

22 In einer Evangelienharmonie werden die vier Evangelien in einem übergreifenden, umfassenden Bericht zusammengefasst.

23 Evidenz für eine Evangelienkollektion aus dem vierten Jahrhundert finden Sie in Charles E. Hill, *Who Chose the Gospels? Probing the Great Gospel Conspiracy* (Oxford: Oxford University Press, 2010).

24 Alle Zahlen sind geschätzt. Außerdem sind Textunsicherheiten und ungenaue automatisierte Wortzählungen mit zu bedenken. Die Zahlen wurden auf Basis elektronischer Onlinetexte am 14. März 2018 erstellt: Velleius Paterculus nach http://penelope.uchicago.edu/Thayer/E/home.html; Tacitus und Suetonius nach http://www.perseus.tufts.edu; Cassius Dio nach http://remacle.org/bloodwolf/historiens/. Die Wortanzahl bei Tacitus wäre höher, wenn nicht ein Großteil des fünften Bandes der *Annalen* verloren gegangen wäre.

25 Ebenso handeln auch die Kapitel in Velleius Paterculus nicht alle von Tiberius (z. B. *Historia Romana* 2.117–119).

26 Irenäus, *Entlarvung und Widerlegung der sogenannten Erkenntnis* 3.11.8. Siehe auch Papias, einen Autor aus dem zweiten Jahrhundert, der in Eusebius, *Kirchengeschichte* 3.39, zitiert wird.

27 Eusebius, *Kirchengeschichte* 3.39.

28 Eine Verteidigung der traditionellen Autorenschaft der Evangelien finden Sie bei Brant Pitre, *The Case for Jesus: The Biblical and Historical Evidence for Christ* (New York: Image, 2016), 12–54.

29 In beiden Bibelstellen sind die Anführungszeichen eingefügt – *Anm. d. Übers.*
Zitiert aus Elberfelder Bibel 2006, © 2006 by SCM R.Brockhaus in der SCM Verlagsgruppe GmbH, Witten/Holzgerlingen.

30 Diese Daten stammen von Andris Abakuks, »A Statistical Study of the Triple-Link Model in the Synoptic Problem«, in *Journal of the Royal Statistical Society:* Series A 169, Teil 1 (2006), 49–60.

31 Eusebius, *Kirchengeschichte* 6.25, der Origen (ca. 185–254 n. Chr.) zitiert.

32 Diese Sicht wird in John S. Kloppenborg, *Q, the Earliest Gospel: An Introduction to the Original Stories and Sayings of Jesus* (Louisville: Westminster John Knox, 2008), vertreten.

33 Einer der fähigsten Befürworter dieser Sicht ist Mark Goodacre, der viel dazu geschrieben hat, einschließlich *The Case against Q: Studies in Markan Priority and the Synoptic Problem* (Harrisburg, PA: Trinity Press International, 2002).

34 Z. B. datiert die Handschrift *Codex Cyprius* (auch als *K* oder *017* bekannt, aus dem neunten oder zehnten Jahrhundert stammend, Griechisches Manuskript 63 in der Bibliothèque Nationale de France) Matthäus, Markus und Lukas auf acht, zehn bzw. fünfzehn Jahre nach der Himmelfahrt Jesu, welche sich gemäß Apostelgeschichte 1,3 vierzig Tage nach der Auferstehung ereignete.

35 Shaye J. D. Cohen, *From the Maccabees to the Mishnah,* 3rd ed. (Louisville: Westminster John Knox, 2014), 16–17.

36 Bart D. Ehrman, The New Testament: *A Historical Introduction to the Early Christian Writings* (Oxford: Oxford University Press, 1997), 41. Ich gebe in der Tabelle die Datierungen aus der Grafik auf S. 41 wieder, doch auf S. 40 sagt Ehrman, diese sollten nicht allzu genau genommen werden, und er distanziert sich sogar etwas von diesen Datierungen: »Zudem sind die meisten Historiker der Meinung, dass Markus das erste unserer Evangelien war und es aus der Mitte der 60er oder Anfang der 70er Jahre stammt. Matthäus und Lukas wurden wahrscheinlich zehn oder fünfzehn Jahre später geschrieben, in etwa um das Jahr 80 oder 85. Johannes wurde wohl weitere zehn Jahre später geschrieben, um das Jahr 90 oder 95.«

37 Das ist das spätestmögliche Datum für die Kreuzigung. Siehe Kapitel 8, Fußnote 180.

38 Markus' Auftritt in Apostelgeschichte 12,25 muss deutlich vor Apostelgeschichte 18,12 gewesen sein, als Gallio um das Jahr 51–52 Prokonsul von Achaea war.

39 Lukas und die Apostelgeschichte weisen denselben Stil auf und stammen nach allgemeiner Auffassung von ein und demselben Autor. Der Autor der Apostelgeschichte spricht an mehreren Stellen zwischen Apostelgeschichte 16,10 und 28,16 von sich und seinen Reisekameraden aus der Wir-Perspektive, was ihn als Mitreisenden von Paulus auszeichnet.

Kapitel 3 – Kannten sich die Evangelisten wirklich aus?

40 Ich habe Ägypten, Tyros und Sidon mit in die Tabelle aufgenommen, weil Jesu Geschichte sich manchmal dort abspielt – im Gegensatz zu Babylon, das ich deshalb ausgelassen habe. Ich habe auch keine Orte aus längst vergangenen Zeiten, wie Sodom und Gomorrha, mit aufgenommen, oder adjektivisch verwendete Namen, wie *Gerasener* (von Gerasa) und *Magdalena* (von Magdala). Meine Verwendung des Wortes *Palästina* hat nichts mit seiner Verwendung in der modernen Geografie zu tun.

41 Von diesen Orten kommen Rama und Zarpat im Zuge alttestamentlicher Referenzen vor und beziehen sich daher nicht unbedingt auf Orte im Israel des ersten Jahrhunderts.

42 Griechische Wörter wurden damals für gewöhnlich ohne Leerzeichen geschrieben, und es gab keinen Unterschied zwischen Groß- und Kleinbuchstaben. Das Zählen von Wörtern und vor allem geografischen Begriffen wäre daher recht schwierig gewesen.

43 Matthäus 13,47; 18,6; 21,21; 23,15.

44 Matthäus 4,15 scheint sich im Kontext auf den See von Galiläa zu beziehen.

45 Matthäus 4,18; 8,24.26.27.32; 13,1; 14,25.26; 17,27.

46 Markus 1,16; 2,13; 3,7; 4,1 (3 x).39.41; 5,1.13 (2 x).21; 6,47.48.49.

47 Lukas 5,1.2; 8,22.23.33.

48 Johannes 6,16.17.18.19.22.25.

49 Matthäus 14,22–23; 15,29; Markus 3,13 (vgl. 3,7).

50 Matthäus 3,1; 4,1; 11,7; Markus 1,3–4,12; Lukas 3,2–4; 4,1.

51 Matthäus 20,17.18; Markus 10,32.33; Lukas 2,4.42; 18,31; 19,28; Johannes 2,13; 5,1; 7,8.10.14; 11,55; 12,20.

52 Markus 3,22; Lukas 2,51; 18,14.

53 Johannes 4,47.49.51.

54 Höhenmeterangaben stammen von http://elevationmap.net, Zugriff: 14. März 2018. Natürlich können die einzelnen Höhenangaben im ersten Jahrhundert leicht anders gewesen

sein, aber nicht so sehr, dass sie dieses Argument entkräften würden.

55 Alternative Schreibweise von *Kapernaum – Anm. d. Übers.*

56 In Markus 11,1 heißt es »Betfage und Bethanien«.

57 Matthäus 26,36; Markus 14,32.

58 Matthäus 27,33; Markus 15,22; Johannes 19,17.41.

59 Matthäus 27,33; Markus 15,22; Johannes 19,17.

60 Die Endung der Form *gulgoltha* hat sich über *-owtha* zu *-ota* verändert.

61 Shimon Gibson, *The Final Days of Jesus: The Archaeological Evidence* (New York: HarperOne, 2009), 118–122, argumentiert, dass dies ein Gebiet sowohl mit Gärten als auch Gräbern war.

62 Siehe R. Steven Notley, *In the Master's Steps: The Gospels in the Land* (Jerusalem: Carta, 2014), 51–54.

63 Kurt Aland (Hg.), *Synopsis Quattuor Evangeliorum,* 15. Ausgabe (Stuttgart: Deutsche Bibelgesellschaft, 1996).

64 Margaret H. Williams, »Palestinian Jewish Personal Names in Acts«, in *The Book of Acts in Its First Century Setting,* Band 4: *Palestinian Setting,* Hg. Richard Bauckham (Grand Rapids, MI: Eerdmans, 1995), 79–113; Tal Ilan, *Lexicon of Jewish Names in Late Antiquity,* Teil 1: *Palestine 330 v. Chr.–200 n. Chr.* (Tübingen: Mohr Siebeck, 2002).

65 Richard Bauckham, *Jesus and the Eyewitnesses: The Gospels as Eyewitness Testimony* (Grand Rapids, MI: Eerdmans, 2006), 67–92.

66 Bauckham, *Jesus and the Eyewitnesses,* 68–71.

67 Bauckham, *Jesus and the Eyewitnesses,* 71.

68 Ich bin Professor Bauckham dankbar dafür, dass er mir eine aktualisierte und detailliertere Statistik der Personennamen hat zukommen lassen, die er auch bald veröffentlichen wird. Seine neue Analyse konzentriert sich auf Namen von 50 v. Chr. bis 135 n. Chr. und weist eine ähnliche Reihenfolge der beliebtesten elf jüdischen Vornamen in Palästina auf wie in *Jesus and the Eyewitnesses,* 85. Geändert hat sich Folgendes: *Juda* (Judas) und *Eleasar* tauschen ihre Plätze und stehen jetzt an dritter bzw. vierter Stelle; *Hananias* und *Josua* tauschen ihre Plätze (*Josua* jetzt auf dem siebten Platz), *Mattathias* und *Jonathan* teilen sich den achten Platz. Natürlich ist zu erwarten, dass sich derlei Statistiken mit der Entdeckung neuen Textmaterials marginal verändern. Im Haupttext dieses Buches folge ich Bauckhams veröffentlichten Zahlen, wenn nicht anders angegeben.

69 Ich behaupte nicht, dass es sich hierbei um eine formell-statistische Korrelation handelt.

70 Bauckham, *Jesus and the Eyewitnesses,* 71–72.

71 Philon, *In Flaccum* 55.

72 Daten stammen von Bauckham, *Jesus and the Eyewitnesses,* 73. Abweichende Namen ließen sich auch im südägyptischen Edfu finden. Siehe Margaret H. Williams, *The Jews among the Greeks and Romans: A Diasporan Sourcebook* (London: Duckworth, 1998), 101–103.

73 Williams, *Jews among the Greeks and Romans,* 29–30; Gert Lüderitz, *Corpus jüdischer Zeugnisse aus der Cyrenaika* (Wiesbaden: Reichert, 1983), insb. 147–159.

74 Williams, *Jews among the Greeks and Romans,* 166–167; J. Reynolds und R. Tannenbaum, *Jews and God-fearers at Aphrodisias* (Cambridge: Cambridge Philological Society, 1987), 97–105.

75 Harry Joshua Leon, »The Names of the Jews of Ancient Rome«, in *Transactions and Proceedings of the American Philological Association* 59 (1928), 205–224, und Joan Goodnick Westenholz, *The Jewish Presence in Ancient Rome* (Jerusalem: Bible Lands Museum, 1994), 101–117, 123–128.

76 Bauckham, *Jesus and the Eyewitnesses,* 78–84.

77 Craig A. Evans, *Jesus and the Remains of His Day: Studies in Jesus and the Evidence of Material Culture* (Peabody, MA: Hendrickson, 2015), 31, 63–65.

78 Bauckham, *Jesus and the Eyewitnesses,* 85–88. >99 steht für einen Rang jenseits der 99.

79 *Andreas* ist offensichtlich ein seltener Name und wird dennoch kontextuell disambiguiert, doch nur um seine Beziehung zu Simon Petrus zu erklären.

80 Er wird im Prolog der koptischen Ausgabe seltsamerweise *Didymos Judas Thomas,* »Zwilling Judas Thomas«, genannt. Die koptische Ausgabe ist die einzige Komplettversion des Prologs und des Evangeliums.

81 Bei Bauckham, *Jesus and the Eyewitnesses,* 70, ist der Name auf Rang 6, doch siehe Fußnote 68.

82 Die abnehmende Häufigkeit des Namens wird in Margaret Williams, »Palestinian Jewish Personal Names in Acts«, 87, ausgeführt.

83 Gemäß einer weniger gut attestierten Lesart einer Handschrift nennt Pilatus den Verbrecher *Jesus Barabbas* anstelle von *Barabbas.* Auch wenn das die korrekte Lesart sein sollte, würde sie mein Argument, dass *Jesus* ein vereindeutigungsbedürftiger Name war, nur noch unterstreichen.

84 Siehe z. B. Barnabas Lindars, *The Gospel of John* (London: Marshall, Morgan & Scott, 1972), 345.

85 Bart D. Ehrman, *Jesus, Interrupted: Revealing the Hidden Contradictions in the Bible (and Why We Don't Know about Them)* (New York: HarperOne, 2009), 146–147.

86 Craig L. Blomberg, »Matthew«, in *Commentary on the New Testament Use of the Old Testament,* Hg. G. K. Beale u. D. A. Carson (Grand Rapids, MI: Baker Academic, 2007), 1.

87 Daniel Boyarin, *The Jewish Gospels: The Story of the Jewish Christ* (New York: New Press, 2012), 68–69, kommentiert die Debatten in Markus 2 und 7 folgendermaßen: »Jesus, oder Markus, kannte sich auf jeden Fall mit halachischen Argumenten aus.«

88 Stuart S. Miller, *At the Intersection of Texts and Material Finds: Stepped Pools, Stone Vessels, and Ritual Purity among the Jews of Roman Galilee* (Göttingen: Vandenhoeck & Ruprecht, 2015), 155.

89 Evans, *Jesus and the Remains of His Day,* 92, 106–108.

90 Notley, *In the Master's Steps,* 77.

91 S. J. Gathercole, *The Gospel of Thomas: Introduction and Commentary* (Leiden: Brill, 2014), 163–164.

92 Mischna *Maaseroth* 4.5 und *Eduyoth* 5.3. Siehe Herbert Danby, *The Mishnah, Translated from the Hebrew with Introduction and Brief Explanatory Notes* (Oxford: Oxford University Press, 1933), 72, 431. In Bezug auf die Identität der Pflanzen siehe meine Ausführungen in Peter M. Head und P. J. Williams, »Q Review«, *Tyndale Bulletin* 54, Nr. 1 (2003), 136–138.

93 J. Galil und D. Eisikowitsch, »On the Pollination Ecology of Ficus Sycomorus in East Africa«, in *Ecology* 49, Nr. 2 (1968), 260.

94 Babylonischer Talmud *Pesachim* 57a.

95 Lukas hat ein ähnliches Gleichnis mit einer kleineren Währung: den Minen (Lukas 19,12–27).

96 Das Wort wird hier in der NeÜ nicht erwähnt, dafür aber z. B. in der Elberfelder Bibel – *Anm. d. Übers.*

97 Siehe auch Josephus, *Der Jüdische Krieg* 2.175; Mischna *Nedarim* 2.2.

98 Dies kommt in der Transliteration in der NeÜ nicht zum Vorschein – *Anm. d. Übers.*

99 Eine ausführlichere Erklärung: Das ältere Hebräisch hatte eine längere und eine kürzere Form des Imperativs mancher Verben im maskulinen Singular. *Hoschia* ist die längere und *Hosha* die kürzere. Die Endung *-nna* besteht aus der separaten Partikel *na,* der ein verstärkendes *n* vorhergeht. Mit der Zeit kam die längere Form des Imperativs ganz außer Gebrauch. Siehe auch die Kurzform *Hoschana,* die im Babylonischen Talmud *Sukkah* 37b aus dem vierten Jahrhundert in einem ganz anderen Sinn verwendet wird.

100 Mischna *Pesachim* 7.9, 12 und die entsprechende Diskussion in Notley, *In the Master's Steps*, 65.
101 Mischna *Pesachim* 9.3 und die entsprechende Diskussion in Notley, *In the Master's Steps*, 69.
102 Babylonischer Talmud *Pesachim* 57a. Siehe außerdem Evans, *Jesus and the Remains of His Day*, 157.
103 Babylonischer Talmud *Moed Qatan* 26a.

Kapitel 4 – Unbeabsichtigte Übereinstimmungen

104 J. J. Blunt, *Undesigned Coincidences in the Writings both of the Old and New Testament: An Argument of Their Veracity* (New York: Robert Carter, 1847).
105 Lydia McGrew, *Hidden in Plain View: Undesigned Coincidences in the Gospels and Acts* (Chillicothe, OH: DeWard, 2017).
106 Lukas 10,38; Johannes 11,1–46.
107 McGrew, *Hidden in Plain View*, 62, 82, 97.
108 McGrew, *Hidden in Plain View*, 130.
109 Die Daten stammen von https://en.climate-data.org/location/28706/, Zugriff am 14. März 2018.
110 Josephus, *Altertümer* 18.5.2, *Flavius Josephus' Werke: Altertümer, Krieg, Apion, Leben.* Übersetzt von Heinrich Clementz.
111 Matthäus 3,5; Markus 1,5; Lukas 3,7.
112 Lukas 3,10–14.
113 Matthäus 3,2; Markus 1,15.
114 Josephus, *Altertümer*, 18.5.1.

Kapitel 5 – Haben wir Jesu eigene Worte?

115 Thukydides, *Geschichte des Peloponnesischen Krieges* 2.35–46; Josephus, *Jüdischer Krieg* 7.323–336, 341–388.
116 Keith Houston, *Shady Characters: The Secret Life of Punctuation, Symbols and Other Typografical Marks* (London: Norton, 2013), 197–200.
117 Babylonischer Talmud *Temurah* 14b.
118 Negative Versionen stammen unter anderen von Konfuzius, fünf Jahrhunderte vor Christus, und dem jüdischen Lehrer Hillel, eine Generation vor Jesus. Wahrscheinlich einige Jahrhunderte vor Jesus geschrieben, enthält das indische Mahabharata-Epos eine positive Formulierung: »Man sollte sich zu allen Wesen so verhalten, wie man auch selbst gern behandelt werden möchte« (*Shanti Parva* 167, Zugriff: 28. April 2018, http://www.mahabharata.pushpak.de/buch12/mahabharata_b12k167.html).
119 Ein Beispiel für ein frühchristliches Schriftstück, das einem Gleichnis einigermaßen ähnlich ist, ist *Der Hirte von Hermas*, das wahrscheinlich aus dem zweiten Jahrhundert n. Chr. stammt. Es unterscheidet sich aber in Länge und Genre von den Gleichnissen in den Evangelien.
120 Babylonischer Talmud *Shabbat* 153a.
121 Z. B. Matthäus 13,41.
122 Z. B. Lukas 18,8.
123 Z. B. Matthäus 8,20; Lukas 9,58.
124 Z. B. Matthäus 9,6; Markus 2,10; Lukas 5,24.
125 Z. B. Johannes 1,51.
126 Vgl. Benjamin E. Reynolds, *The Apocalyptic Son of Man in the Gospel of John* (Tübingen: Mohr Siebeck, 2008), 225–226.
127 Siehe Lydia McGrew, *Hidden in Plain View: Undesigned Coincidences in the Gospels and Acts* (Chillicothe, OH: DeWard, 2017), 51–53.
128 Z. B. Matthäus 20,22 oder sogar Gottes Zornbecher, z. B. Jeremia 25,15.

129 C. Thomas McCollough, »City and Village in Lower Galilee: The Import of the Archeological Excavations at Sepphoris and Khirbet Qana (Cana) for Framing the Economic Context of Jesus«, in *The Galilean Economy in the Time of Jesus,* Hg. David A. Fiensy und Ralph K. Hawkins (Atlanta: SBL, 2013), 52.

130 Matthäus 13,55; Markus 6,3.

131 Eine Doppelkonsonanz, die mit *pi* beginnt: *ptōchoi,* »arm«, und *pneuma,* »Geist«.

132 Die Buchstaben *delta* und *iota* in *dipsō,* »dürsten«, und *dikaiosynē,* »Gerechtigkeit«.

133 Die Buchstaben *kappa* und *alpha* in *katharos,* »rein«, und *kardia,* »Herz«.

134 Die Buchstaben *delta* und *iota* in *diōkō,* »verfolgen«, und *dikaiosynē,* »Gerechtigkeit«.

135 Stanley E. Porter, *The Criteria for Authenticity in Historical-Jesus Research: Previous Discussion and New Proposals* (Sheffield: Sheffield Academic Press, 2000), 144–154, beschäftigt sich mit Anlässen, bei denen Jesus vielleicht Griechisch gesprochen hat.

Kapitel 6 – Hat sich der Text verändert?

136 Die heute allgemein anerkannte Auflistung der Handschriften des griechischen Neuen Testaments wird vom Institut für Neutestamentliche Textforschung in Münster betreut und *Kurzgefasste Liste* oder einfach *Liste* genannt. Die aktuelle Version ist online unter http://ntvmr.uni-muenster.de/liste einsehbar.

137 Dazu gehört beispielsweise die Lutherübersetzung, aber nicht die Schlachterübersetzung, welche sich nahe an den sogenannten *Textus receptus* hält, der dem von Erasmus sehr ähnlich ist. Es gibt eine moderne Bewegung, deren Ziel es ist, die vermeintliche Überlegenheit des *Textus receptus* zu verteidigen.

138 Desiderius Erasmus, *In Novum Testamentum Annotationes* (Basel: Froben, 1527), weist Kenntnisse der Ungewissheit um Matthäus 18,11 (S. 72), Markus 11,26 (S. 131) und Lukas 17,36 (S. 193) auf, scheint sich der Zweifel über Matthäus 17,21, 23,14, Markus 7,16, 9,44.46, 15,28, Lukas 23,17 aber gar nicht und der textlichen Probleme in Johannes 5,4 (S. 227) nur begrenzt bewusst zu sein. Über Johannes 7,52–8,11 sagt Erasmus: »Die Geschichte von der Ehebrecherin ist in den meisten griechischen Exemplaren nicht enthalten« (S. 234).

139 Ich bin zwar von Maurice Robinsons Argumentation nicht überzeugt, aber er verteidigt viele dieser längeren Textformen vehement im Anhang von Maurice A. Robinson and William G. Pierpont, *The New Testament in the Original Greek: Byzantine Textform 2005* (Southborough, MA: Hilton, 2005), 533–586.

140 Die 1979er-Ausgabe ist die 26. Auflage, und die 1993er die 27. Die Unterschiede liegen nur in der Titelei und dem Apparat, nicht im Haupttext. Seit 2012 gibt es nun auch die 28. Auflage, deren Evangelientexte, mit Ausnahme der Schreibweise einiger Wörter, mit denen der anderen Ausgaben identisch sind.

141 Die Ausgabe, die Bibelübersetzer oft verwenden, ist die der United Bible Societies (UBS), doch abgesehen von der Schreibweise einiger Wörter entspricht der Text der Evangelien in der dritten bis fünften Ausgabe der UBS (1975, 1993, 2014) dem der 26. bis 28. Nestle-Aland-Auflagen.

142 Das größte jemals durchgeführte Projekt zur Herausgabe eines griechischen Evangeliums wird das *International Greek New Testament Project* oder *IGNTP* (www.igntp.org) genannt. Es wurde im Jahr 1948 mit dem Ziel gestartet, akademische Ausgaben des Neuen Testaments herauszugeben. Seit den späten 1980er-Jahren arbeitet IGNTP an einer Ausgabe des Johannesevangeliums. Ich habe das Privileg, dem IGNTP vorzusitzen, wobei ich mit Dutzenden Mitarbeitern und den weltweit führenden Experten im Bereich der neutestamentlichen Texte zusammenarbeite. Ich mache aber zugegebenermaßen nur einen kleinen Teil der Arbeit. Im Zuge dieses Projekts wurde die beste Plattform erstellt, um auf Transkripte der frühen Handschriften des Johannesevangeliums auf Griechisch und anderen Sprachen zuzugreifen: www.iohannes.com.

Kapitel 7 – Widersprechen die Evangelien einander?

143 Ulrich Schmid, »Scribes and Variants – Sociology and Typology«, in *Textual Variation: Theological and Social Tendencies? Papers from the Fifth Birmingham Colloquium on the Textual Criticism of the New Testament,* Hg. D. C. Parker and H. A. G. Houghton (Piscataway, NJ: Gorgias, 2008), 1–23.

144 Der Philosoph Thomas W. Simpson aus Oxford argumentiert, dass der formelle Widerspruch zwischen Johannes 5,31 und 8,14 von »philosophischer Raffinesse« zeugt. Siehe seinen Artikel »Testimony in John's Gospel: The Puzzle of 5:31 and 8:14«, in *Tyndale Bulletin* 65, Nr. 1 (2014), 101–118, vor allem 101.

145 Bart D. Ehrman, *Jesus, Interrupted: Revealing the Hidden Contradictions in the Bible (and Why We Don't Know about Them)* (New York: HarperOne, 2009), 9.

146 Charles Dickens, *Eine Geschichte von zwei Städten* (Hamburg: Gutenberg Verlag, 1926).

Kapitel 8 – Wer sollte das alles erfunden haben?

147 Z. B. Matthäus 14,28–31; Lukas 8,45; 9,55; Johannes 13,8; 18,10.

148 Arthur Conan Doyle, *The Sign of Four* (London: Spencer Blackett, 1890), 111.

149 Michael P. Levine, »Philosophers on Miracles«, in *The Cambridge Companion to Miracles,* Hg. Graham H. Twelftree (Cambridge: Cambridge University Press, 2011), 292, schreibt: »Wenige Philosophen behaupten, dass Wunder unmöglich sind, und diejenigen, die es behaupten, sind voreingenommen bzw. argumentieren für einen tiefgreifenden Naturalismus.«

150 Die Problematik dieser Maxime wird gut erklärt in David Deming, »Do Extraordinary Claims Require Extraordinary Evidence?«, in *Philosophia* 44.4 (Dezember 2016), 1319–1331.

151 Siehe vor allem N. T. Wright, *Die Auferstehung des Sohnes Gottes* (Marburg: Francke Verlag, 2014).

152 Evidenz dafür, dass selbst ein Gekreuzigter von den Juden immer begraben wurde, finden Sie in Craig A. Evans, *Jesus and the Remains of His Day: Studies in Jesus and the Evidence of Material Culture* (Peabody, MA: Hendrickson, 2015), 109–120, 131–145.

153 Josephus, *Altertümer* 4.219.

154 Matthäus 28,9; Lukas 24,31.36.

155 Matthäus 28,16–20; Johannes 21,1–23.

156 Lukas 24,36.

157 Lukas 24,15.

158 Lukas 24,36.

159 Matthäus 28,19.16; Lukas 24,15; Johannes 21,1–23.

160 Johannes 21,1–23.

161 Lukas 24,29.36; Johannes 20,19.

162 Matthäus 28,16.

163 Matthäus 28,9.18; Lukas 24,15.34.36; Johannes 21,1–23.

164 Matthäus 28,9.18; Lukas 24,15.36; Johannes 21,9–23.

165 Johannes 21,4–8.

166 Matthäus 28,16.

167 Johannes 21,4.

168 Johannes 21,2; 1. Korinther 15,5.7.

169 Matthäus 28,9.

170 Lukas 24,34; 1. Korinther 15,5.7 (und 8).

171 1. Korinther 15,6.

172 Johannes 21,15 (implizit).

173 Johannes 21,4.

174 Lukas 24,15; Johannes 21,20–22.

175 Lukas 24,43; Johannes 21,15.
176 Matthäus 28,9–19.18–20; Lukas 24,17–30.36–49; Johannes 10,15–17.19–29; 21,6–22.
177 Wright, *Die Auferstehung des Sohnes Gottes*, 500.
178 Der davidische Stammbaum scheint rechtlich anerkannt gewesen zu sein. Hegesippus, ein Schreiber des zweiten Jahrhunderts, berichtete, dass zwei Enkel von Judas, dem Bruder von Jesus, ihre davidische Abstammung in einem Prozess vor Domitian (Kaiser von 81 bis 96 n. Chr.) bestätigten. Siehe Eusebius, *Kirchengeschichte* 3.20. Stammbäume waren den Juden wichtig; man bewahrte sie öffentlich auf, zumindest die für Priester (Josephus, *Vita* 6; Josephus, *Contra Apion* 1.31). M. Avi-Yonah, »A List of Priestly Courses from Caesarea«, in *Israel Exploration Journal* 12, Nr. 2 (1962), 137–139, diskutiert eine Inschrift, wonach Nazareth, zumindest nach der Zeit Jesu, ein priesterliches Dorf war. Lukas 1,5 und 36 besagen, dass Jesu Mutter Maria mit einem Nachkommen des Priesters Aaron verwandt war.
179 Laut http://www.jinfo.org/Nobel Prizes.html (aufgerufen am 14. März 2018) sind 23 Prozent der individuellen Nobelpreisträger mindestens halbjüdischer Abstammung.
180 Babylonischer Talmud *Sanhedrin* 43a. Colin J. Humphreys und W. G. Waddington, »Dating the Crucifixion«, *Nature* 306 (1983), 743–746, sind der Meinung, dass das wahrscheinlichste Datum für die Kreuzigung der 3. April 33 n. Chr. ist. Unabhängig von ihrem Argument für dieses Datum geben sie an, dass es an jenem Abend eine Mondfinsternis gab, die den Mond blutrot färbte, als sich die Leute in Jerusalem zum Passahmahl versammelten. Das Neue Testament erwähnt dies nirgends explizit, doch kann es sein, dass Petrus in Apostelgeschichte 2,20 eine Anspielung hierauf macht, wo er die überaus passende Prophetie aus Joel 2,31 zitiert, die besagt, dass sich der Mond als ein Zeichen der Errettung in Blut verwandeln wird.
181 »schlachten« (Jesaja 53,7); »sein Leben auf der Erde ausgelöscht« (53,8); »in seinem Tod«, »sein Grab« (53,9). Belege dafür, dass dieser Text von einem göttlichen Wesen spricht, finden Sie in Richard Bauckham, *Jesus and the God of Israel: "God Crucified" and Other Studies on the New Testament's Christology of Divine Identity* (Milton Keynes: Paternoster, 2008), 32–59.
182 Der Atheist Richard Carrier beispielsweise sieht in seinem Buch *On the Historicity of Jesus: Why We Might Have Reason for Doubt* (Sheffield: Sheffield Phoenix, 2014), 84–85, die Übereinstimmung zwischen dem alttestamentlichen Buch Daniel und der Datierung der Kreuzigung Jesu auf das Jahr 30 n. Chr. als einen solch günstigen »Zufall« an, dass er die Jahresangabe der Kreuzigung für »gefälscht oder erfunden« hält. Carrier und ich stimmen oft in Bezug auf die vielen Übereinstimmungen zwischen dem Alten Testament und Jesus überein, doch während ich das als Indiz für echte Prophetie sehe, hält Carrier es für ein Indiz gegen die Historizität der angeblichen Erfüllung.
183 Argumente dafür, dass wir – auch auf persönlicher Ebene – simplere Erklärungen bevorzugen sollten, finden Sie in Richard Swinburne, *Simplicity as Evidence of Truth* (Milwaukee: Marquette University Press, 1997), vor allem 57–58.